Karl Ulrich Lippoth

Gradiva

Karl Ulrich Lippoth

Gradiva

Berliner Phantasiestück nach Jensen und Freud

Bibliografische Information der Deutschen Nationalbiblio-
thek:
Die Deutsche Nationalbibliothek verzeichnet diese Publika-
tion in der Deutschen Nationalbibliografie; detaillierte biblio-
grafische Daten sind im Internet über http://dnb.dnb.de ab-
rufbar.

© 2020 Karl Ulrich Lippoth

Herstellung und Verlag: BoD – Books on Demand, Nor-
derstedt

ISBN: 978-3- 7519- 9903-8

Für Angela

Vorab

Im Jahr 1903 veröffentlichte Wilhelm Jensen eine Erzählung, die eigentlich keiner Erwähnung bedürfte, ein hölzernes Bildungsstück, hausväterlich sexualisiert: *Gradiva. Ein pompejanisches Phantasiestück.* Dennoch ist dieses Stück Sigmund Freud in die Hände gefallen, der auf den Wert des Textes nicht viel gab, es aber geeignet fand, um in Form einer Interpretation seine Überlegungen zu Traumdeutung, Neurosentheorie usf. darzulegen: *Der Wahn und die Träume in W. Jensens ›Gradiva‹* (1907). Diese Schrift wiederum ist dem Autor des vorliegenden Buches in die Hände gefallen, der nicht anstand, den Stoff für seine eigene Produktion zu missbrauchen und bis zur Unkenntlichkeit zu verstümmeln. Herausgekommen ist ein Dokument des Kreuzberger Eskapismus: Avantgardistisch, radikal, hochprovokativ, ein bisschen à la Majakowski, aber nicht so proletaroid, vielmehr von gründlichster Gelehrsamkeit (nicht zu vergleichen mit ähnlichen, aber einfacher grundierten, epigonal-heteronymistischen Texten).

Sonne in Oranienstraße, Abendsonne, Sonne, die nicht sengen, nicht mehr brennen kann, nur unterscheiden; Abendsonne, die die Dinge scheidet, deren Licht sie von sich scheidet: Bloße Dinge, namentragend, und ihr Sinn, ihr angesehner Sinn – im Abendsonnenlicht verwirbeln sie, das hakt sich ein und dreht sich, Drang zum Sinn und Drang zum Ding, der alte Wirbel, Sonne in Oranienstraße, flutet durch Oranienstraße, ganz hindurch und füllt sie, währenddes sie untergeht, hinunter auf Oranienplatz, da sinkt sie, nein, noch weiter, Moritzplatz, dort sinkt sie nieder, sengt nicht, brennt nicht, scheidet, sinkt vor Springer, drängt den Boulevard hinaus, vollendet Kreuzberg über sich.

Im ihrem Licht Verkehr, er zittert, stößt sich, gelbes Licht, Verkehr, Passanten drängen, weilen sich, ergießen sich in den Verkehr, sie nehmen Platz an Tischen, Autos stottern, Gläserklirren, Reden und Gerüche, Abendsonne.

Hanold tritt vom Bürgersteig, er überquert Oranienstraße, der Verkehr stößt sich an ihm, das Licht, ihn stört das nicht. Er ist in einem Zustand, darin nimmt er teil. Um ihn ist Leben, Dinge tragen Namen, Hanold hat sein Teil daran, ist Ursprung, Ahnung, Sinn. Die Abendsonne, denkt er, ist total, sieht in die Sonne, sieht nicht hin. Er wendet sich, er wendet seinen Blick, sieht aus der Sonne, viel zu wirr und unverständlich ist das Licht, er kann es nicht begreifen, unterscheidet nicht, was Licht ist, sieht nur Willkür: Hier scheint Licht, dass man erblinden möchte, tiefste Nacht nur einen Wimpernschlag daneben. Ein nicht wohl bedachter Blick, und Sonnengelb schwillt in die Augen, heizt sie auf. Im nächsten Augenblick dann Schatten, gähnend Raum voll Negation. Und nur ein Wenden seines Kopfes braucht es, kommt es Hanold vor, ein Umwidmen des Blickens, und das Licht umnachtet sich, stürzt über sich zusammen, lichtlos. Also wirbelt es. An jedem Ding, ob Kopf, ob Stein, an jedem Ding, das einen Namen trägt, derselbe Tanz – gleich Licht und Schwärze, es gewittert, Reigen ist das, Stieben, Gegenlicht gewittert in den Sonnenschein. Am Ende, denkt sich Hanold, kann dann wieder kein Begriff die Anschauung belehren: Dies ist Licht. Ja, Licht, nur Ursprung, Ahnung, Sinn des Phänomens sind unbekannt und grauenvoll gewärtig.

Hanold, in so bangem Zustand, teilnahmsvoll befangen, denkt: Fragment.

Fragment, denkt Hanold, sieht in ein Gesicht, er stößt sich am Verkehr, erblindet und erhellt erneut, Oranienstraße! Menschenvolle. Abendsonne. Jeder Mensch ein Bröckchen Sein, ein jedes Blinzeln ein Versprechen: Du auch wirst ergänzt zum Ganzen.

Hanold sieht – die Häuser werfen keine Schatten mehr, die Fronten bunt und hell, die Fenster dunkel, Höhlen ragen in die Farbe, manche sind in Stein gefasst und glatt behauen: An den Steinen stöbert Abendsonne, macht sich sichtbar, bildet Wirbel, bildet sich in Wirbeln ab, in alten Zeichen, Gegenlicht gewittert lichtlos in den Wirbeln.

Nein, denkt Hanold sehr bestimmt, durchaus nicht, nein! Er wandert durch Oranienstraße, schüttelt streng den Kopf. O nein, da ist er andrer Meinung, er befindet sich in keinem Zustand: Ursprung, Sinn, was soll das für ein Zustand sein! Dergleichen Zustand kennt er nicht, Herr Doktor Norbert Hanold, will nicht anerkennen, dass dergleichen Zustand Menschen überfällt. Das ist ja Wegelagerei, denkt er, empört, und so ein Unverstand! Da hat doch, denkt er, wieder mal ein Flachkopf nicht das Licht begründet biederer Vernunft ertragen mögen und sich Extras ausgedacht, verschattet: Zustand!

Die Empörung macht ihn durstig, Hanold denkt an Schnaps, winkt ab, er lächelt aus Erleichterung und denkt und murmelt fast dabei: –Mal wieder Schnaps und Zukost! Schüttelbrot, mein magischer Begleiter: Wenn die Theorie nach Fusel schmeckt, so brocke etwas Magisches dazu, das ist verträglich, schwer zu kauen, dazu dieser Hauch Anis!

Hanold denkt er auch: Gesetzt, es gäbe das, dergleichen Zustand, so vielleicht… so ähnlich müsste sich das machen: Sonne in Oranienstraße, abendliches Denken. Zustand O.

Er stoppt und sieht sich um, Oranienstraße, Zustand O. Man schiebt und drängt um die Cafés, erfindet Wege durch die Wagen auf der Straße. Warm ist es, die Luft voll Abgas, Tee und Fliederduft. Ein Mädchen geht vorbei, es riecht nach Sojasauce. Nein, es stinkt danach. Er sieht ihm nach, er lächelt, denkt, in diesem Zustand ist Gestank ein leichtes Tuch, die Leute tragen Schleppen und im Gehen weht es widerlich.

Das Licht erblindet alles und erhellt es gleich: die Autos, Menschen, Pflastersteine. Dinge tragen Namen, und was Namen trägt, ist halb, nicht fertig, wozu sonst der Name? Hanold schüttelt sich, er rümpft die Nase: Namentragendes Fragment! Was Namen trägt, erfährt sich im Symbol, erblickt die Hälfte, die ihm fehlt. Das steht geschrieben, Hanold grübelt, er entsinnt sich nicht, bloß – irgendjemand hat das mal gedacht: Dass wir nur Hälften, unganz, sind, die Namen tragen, und die andern Hälften, abgängig, erkennt man im Symbol. Er bleibt an einem Fahrradladen stehen, schaut ein Fahrrad an. Sieht teuer aus, denkt er und staunt. Was überflüssig ist, entbehrt das Rad, was denkbar überflüssig, alles. Räder, Sattel und Pedale bleiben, fertig, Fahrrad. Scheißsymbol, denkt Hanold, Gangschaltung muss sein! Und er verdammt die Hälfte, die ihm von sich fehlt, die abgängig; was sind das für Allüren! Was an einem Menschen wäre derart unvollständig, dass es sich erbitten kann, erblickt zu werden im Symbol? Der Mensch ist doch kein Flittchen, das mit Leihhausruhm die Billigkeit verhängt! Was soll das sein, grollt Hanold, was dem Krümel Sein ganz abgeht immerzu, dem Krümel, der man ist, dem Seinsbruchstück, im Wirbel seiner Endlichkeit und Transzendenz, dem Namensträger, was?

Versehentlich pfeift Hanold einen Klingelton, es bimmelt ihm im Rücken. Telefon passiert. Er sieht auf seine Uhr und rafft sich auf, es ist bald Zeit – nicht so bald freilich, dass er eilen müsste. Hanold kann doch schlendern, dazu ist fast immer Zeit. Er steckt die Hände in die Taschen, nimmt die Nase hoch und geht. Noch immer Sonne in Oranienstraße, abendliches Denken. Denken in Oranienstraße, gelbes Licht, darin drängt Kunde, wittert, Kundschaft hängt im Licht, das flirrt und zittert, stößt sich, und erwartend senkt die Kunde ihre Blicke vor der Kunst, fast scheu – Fragment, du wirst ergänzt zum Ganzen. Gäbe es den Zustand O, denkt Hanold, stößt sich an Gesichtern, gäbe es ihn, könnte ich nicht denken: Wichser, Schnuderbuben! Von Geburt dementes Pack, ihr seid nicht reisefertig, Narren, ihr! Ich wäre nicht, denkt Hanold, so ein Menschenfeind. Was zu beweisen war. Und Hanold sieht Gradiva.

Er erblickt sie – die Gradiva, malt sie mit den Augen ins Gedränge, Traumbild, mitten ins Reelle, nicht zu unterscheiden. Hanold macht sie sich mit ihrem Namen sehen, der bedeutet Schreitende. Auch: Eine, die vorweg marschiert. Die Schreitende, heißt sie, Gradiva schreitet durch Oranienstraße, schreitet vor wie Mars gradivus, Kriegsgott, wohlgerüstet. Also drängt Gradiva durch die Menge. Hanold sieht sie nicht, er denkt sie und nimmt wahr, er sähe, sie sich denkend. So nur sieht er sie. Und so nur sieht er sie allein, gelöst vom Urbild, das dem Traumbild Pate steht, und löscht die Spur von Zoë in Gradiva, Zoë, wie sie ihn erwartet, dort am Heinrichplatz, wohin er zu ihr gehen muss, die Sonne jetzt im Rücken und entgegen dem Verkehr, der Ruß und Abend nach sich schleppt und Licht und Gegenlicht verwirbelt… – nicht wie Zoë, wartend, sieht er sie. Er sieht sie, Hanold die Gradiva, wie sie ist, sieht Ursprung, Sinn und Ahnung der Gradiva, sieht sie schreiten in Oranienstraße, vorwärts drängen wohlgerüstet durch die Menge.

Auf den Bürgersteigen herrscht Gedränge, Hitze macht betriebsam, wenn sie nachlässt. Man entsinnt sich, dass es Restaurants gibt, Läden und Cafés, die hat man viel zu lang nicht aufgesucht. Man braucht doch Bücher, Kleider, Kunst! Und Fahrräder, Elektrowaren. Pinsel! Und die schwule Kuchenbar, wo sich der Mensch mit Törtchen neckt! Apropos, gegenüber! Dieser Türke! Süßigkeiten hat der, ach… von dort zum Blumenladen, Blumen kauft man nachts, das fördert ihr Mirakel. Nicht vergessen, Feinkost – die Pastrami ist ein Tipp – Elektroramsch und Bürsten. Da, die Kneipe ist berühmt! Da trifft sich – weiß der Himmel, wer. Bedürfnis drängelt um die Häuser, Möglichkeiten schieben sich beiseite, da stolziert ein Wunsch! Und doch: Wo nur ein Tisch steht, bricht das Drängen sich zur Ruhe. Wer am Tisch sitzt in der Sonne, sieht im Drängen nur noch Zustand. Und wird still. Sieht hin und trinkt, betäubt.

In den Fenstern der Cafés und hinter Fenstern, um die Fenster sitzen sie, Gradiva geht vorbei. Sie sitzen auf der Straße, Tische triumphierend auf dem Mittelstreifen, doch Gradiva schreitet vor. Ein Trupp von Kindern zeigt sich, älter schon, sie sind erregt, sie kommen von woanders her als Reisende, die irgendwo zu Hause sind, passieren heute mal Oranienstraße, sehenswürdig bunt, und singen, weil sie nicht zugleich woanders sind, in ihrer Sprache hochbeglückt: Ergänzt zum Ganzen. Nein, Gradiva weicht nicht aus, sie tritt ins Buchgeschäft. Sie kennt das hier, ist hier daheim, hat ihre Wohnung in Oranienstraße. Wenn sie etwas ansieht hier, verheißt ihr Blick ihr lediglich: Die Einrichtung ist, wie sie ist, halt ungewöhnlich, aber ansprechend und praktisch doch, gebraucht und richtig,

wie sie ist. Oranienstraße ist so, und Gradiva wohnt Oranien-
straße, ihre Einrichtung ist alles, ob sie eins bewirkt hat, andres
nicht, es eignet ihr, Gradiva, und nur darum, dass sie nicht
mehr hinsehen muss, bevor die Straße ihr bequem ist, nicht mit
Fremdheit auf sie hinsehn, Namen sagend, die Benennung
murmelnd: In Luisenstadt, Gradivas Spreepompeji. Lauter
subversive Bücher hier im Laden, heikel, sehr politisch, sie,
Gradiva sieht nicht hin, politisch, heikel ist sie selbst und kauft
das Buch, das sie benötigt. Ihr Gesicht ist nackt und bloß, ge-
läufig trägt sie ihre Absicht, unbekümmert zeigt Gradiva
Kunde, ihr Geschlecht: Den Willen, denn Gradiva weiß zu
wollen, will ihr Sein, sie will ihr Sein zu Wissen haben, darum
will sie, darum ist sie vom Geschlecht des Willens. Hanold
dreht sich um, er blinzelt in die Sonne, atmet im Getöse, Staub
und Drängen, Farben, Kunst. Gradiva sieht er, ihr Gesicht, das
nackt ist, ihr Gesicht, das ausdrückt, was sie ist, weil sie es sel-
ber wissen will. Ihr Wille leuchtet im Gesicht, beleuchtet es,
notwendig immerzu, auch wenn es unbedeutend ist, weil sie,
Gradiva, eben unbedeutend ist, beleuchtet aber ihr Gesicht in
seiner Reinheit auch der großen Augenblicke, dann auch,
wenn Gradiva Liebe ist, und wenn sie Kundschaft ist und
Kunst und wenn sie denkend ist Gedachtes, wenn Gradiva
Trauen ist und Neigung, Ärger, Zweifel, Angst und blinde
Hast, die helle blinde Hast des Tätigen, nun Spaß, ja Übermut
und Schönheit, Warten, Sehnen. Ja doch, richtig, richtig, Ha-
nold wird erwartet.

Wieder dreht er sich, er wendet sich, er löst sich von der
Sonne, wendet sich von ihr, Gradiva, wendet sich, geht hin, wo
er erwartet wird von ihr. Doch es zerreißt ihn. Seine Vorstel-
lung zerreißt ihn, Hanold macht sich Vorstellung, die ihn zer-
reißt, das war nicht seine Absicht. Erst drei Schritte weit ist Ha-
nold fortgegangen, fort von seiner Einbildung, Gradiva, ist
Oranienstraße hoch, drei Schritte, hat sich unterhalten über

ihre Gangart, sich Gedanken hingegeben über ihren Gang, Akkorde angespielt, nein, hat sie klingen lassen auf dem Instrument, im Geist, um sich mit seiner Laune zu zerstreun. Er denkt an das berühmte Abbild der Gradiva, Phantasie uralt in Stein gehauen, die die Eigentümlichkeit bezeugt, mit der sie ihre Schritte setzt. Ein altes Buch macht über dieses Schreiten eine Ansicht populär, die Hanold dreist für Irrtum hält, ja Fehlschluss nennt, pedestrischer Natur. Flohknackerei, denkt Hanold, was da einem aufgebunden wird! Von wegen: Stolzer Tritt und steile Ferse, Füßchen zierlich spitz gesetzt, das hintere, die Zehen allegorisch auf dem Boden tänzelnd, während längst der vordre Fuß muss festen Tritt am Boden haben? Nein. Von wegen: Sie versehe sich, den Fuß erst nachzuziehn, sobald der andre übern Hacken rollt, und schreite recht verwinkelt um die Füße, so antikisch eckig, edel... Scheiße, denkt er, was für ein Gewäsch, und wie geziert! Was sind die Leute doch verkitscht! Von wegen. Die Gradiva hinkt! Ihr Stolz heißt Storchengang, und ihre Hoheit ist ihr Blick dabei. Gradiva schreitet vor, in dieser Weise, doch sie schreitet wie ein Storch, nach solcher Art.

Er ist sich da so sicher, dass er lachen muss. Dabei fällt eine Improvisation zu seiner Storchengang-Idee ihm ein, so eine Weise im Gedanken, eine Melodie, ganz harmlos, in der Muße, unterm Lachen ausgeboren: Die Gradiva hat ein Nervenleiden, denkt er, Nervenleiden, das den Gang ihr schwächt: Der Nerv im Fuß, im linken, ist ermüdet, ist beeinträchtigt, so dass Gradiva ihren Fuß nicht setzen kann und abrolln wie bekömmlich. Schön, und warum kann sie nicht? Ist sie verwachsen? Pech, nun hinkt sie? Hanold rümpft die Nase. Die Gradiva hat kein Pech, sie hat ja nicht mal Schicksal! Nein, das Nervenleiden macht ihr Wille, resultiert zugleich aus einem Mangel – der Gradiva mangelt Werden und Erleiden; sehr beansprucht ist Gradivas Fuß durch ihr entzündliches Gewahrsein, sucht im

Bodenlosen Grund – und findet ihn, bloß unerwartet tief! Und viel zu spät, da hängt die übrige Gradiva längst nur noch an ein paar Zehn des andren, rechten Fußes.

Der Gedanke amüsiert ihn. Schöner allegorischer Gedanke, warm und dunkel und ein bisschen süßlich, sehr zum Schmunzeln. Ein Gedanke wie gedacht zum abendlichen Denken. Feierabendlich fürwahr. Er stellt es sich vor Augen: Beine übernander, so sitzt eine, die gewillt ist. Nerven werden abgeklemmt und Schwäche rieselt in den Fuß... so denkt er eben, da zerreißt es ihn, zerreißt ihn Einbildung, ganz anders jetzt, Gedanken rennen auseinander, sein Fürwahr schließt sich zum Zirkel, strudelt schneller und verneint sich: Die Gradiva vor und hinter ihm zugleich.

Er röchelt einen Fluch: Man träumt ein bisschen, und schon reißt was im Verstand! Das war doch harmlos, war doch heiter! Hanold denkt es nicht einmal, er fühlt nur den Gedanken. Vor sich weiß er sie und hinter sich, eins Wahn, eins Traum, eins wahr, eins Wille. Da im Augenblick, als vor ihm im Café Gradiva sitzt, nein, Zoë, die er doch so nennt, zerfällt das Bild von ihr in Hanolds Rücken, und sie weiß es, jene, die Gradiva wird es selbst gewahr: Das Bild zerfällt, die Vorstellung, sie selbst. Gradiva dreht sich um, sieht Hanold an wie angerufen. Setzt sich. Nimmt es hin. Sie setzt sich auf ein Fenstersims, sieht Hanold an, und ihr Gesicht wird grau, das Bild zerfällt, das Traumbild, Aschenregen senkt sich auf Gradiva, sie versinkt in Glut und Ruß.

Doch wie... so achtlos! Nur zu wissen noch gewillt, noch eben. Nimmt nicht Anstand. Bleibt gewahr, erlischt und ist begraben. Andre Wirklichkeit als ihre lagert, schichtet sich auf sie, verbirgt sie. Hanold ist gebannt, erregt und hingerissen: Nie wär ihm das eingefallen, dennoch hat er es gedacht, sich vorgestellt, gesehen. Hat erfahren, unerhört, wie dreist da Wirklichkeit sich in den Traum ihm drängt, wie ungerührt und teilnahmslos sie Vorstellung im Ascheregen ihrer explosiven Dinglichkeit begräbt.

Das ist nicht Zoës Schuld, man müsste ihr denn Existenz vorwerfen. Aber wie kann sie von der Gewalt nichts wissen, die ihr Sein umgibt, ringsum? Da sitzt sie im Café und Hanolds Vorstellung wird ausgelöscht. Die eine stirbt und sieht es noch. Die andere winkt und rührt im Kaffeetässchen.

Interessanter Stellvertreterkrieg, denkt Hanold, Zoë und Gradiva, Wahrheit, Traum, da müsste doch der Ausgang offener sein! Was sind die beiden denn als Dinge, theoretisch wohl noch irgendwie zu unterscheiden, eine Trugbild, eine Namensträgerin, das macht doch wahrlich keinen Unterschied! Phantasma gegen Einzelding, soll das so fundamental anders sein, dass beider Kampf nicht spannend ist? Ist das ein ungerechter Kampf, zuletzt? Zwei Dinger, so und so dem Sinn gegeben, kann man sportlich aufeinanderhetzen; muss man aufeinanderhetzen, sind doch in derselben Klasse, nur der Stil verschieden. Zoë, denkt er grimmig, hat das schon verdient, so sehr wie sie in Sicherheit gewiegt wird durch ihr schieres Existieren. Sollte denken, dass der Kampf ganz spannend wird. Es treten an: Gradiva, die er denkt, man sieht sie hier, und dort Gradiva, die er nennt. Nehmt euch aufs Korn, ihr beiden, euer Preis bin ich, und holla, dekliniert euch eure Gründe ins Gesicht, was Seinsgrund und was Wesensart, wer tiefer und wer wahrer ist... und was passiert? Das Wirkliche speit Feuer und vom Traum bleibt nur sein Abdruck in der Asche, lebensnah, naturgetreu – und hohl. Ist das die Ironie der Wahrheit? Schau mir ins Gesicht, du raffiniertes Flittchen, dich erkenn ich!

Hanold sieht auf seine Freundin, Zoë Wandel, schön ist sie, er staunt noch jedesmal. Sie hat ihn im Café erwartet. Wirklich, gut passt sie hierher, extrovertierte junge Frau mit Rock und Ringelstrümpfchen und dem leidenschaftlich klaren Ernst, den Bildung in Gesichter malt, doch junge Bildung, absichtslos dem Menschen zugefügt wie rote Lippen oder starke Hüften. Hanolds Bildung ist tradiert, ist alt, hat sein Gesicht gezeichnet, fein und scharf, und planlos sind darin nur Lust und Qual und etwas Güte. Hanold sieht auf Zoë, jene, die er mit Gradiva eins weiß und verwechselt, die das Spiel auch mitspielt, das er ihr da angetragen hat, in das er sie mit eingeweiht hat, Spiel mit ihrer Doppelgängerin im Traum, geborgt aus einem Steinbild, hinkend schöne Pompejanerin. Er sieht sie an, wie sie da im Café sitzt, Zoë, sie gefällt ihm, ihre Physis ist bestechend, mädchenhaft mokante Kleidung, unverhohlen intellektuell, und alles an ihr ist nach außen, auf die Welt gekehrt, besteht im Spiel und Kampf mit dem, was sie umgibt – ist alles an ihr Austausch und Verpflichtung. Zoë schenkt und fordert, bohrend kann ihr Blick sein, dennoch wollen ihr die Augen übergehn. Wie gut sie herpasst, in den kargen, hellen, abgenutzten Raum, sie hebt sich ab von schmucklos weißen Wänden, sie beherrscht die unbequemen Stühle, Zoës Hände wohnen auf dem Tisch, bequem daheim auf einem nackten Tisch, darunter wippt ein Fuß. Gedankenpause.

Hanold sieht sie an, sie kennt ihn jetzt und springt gleich auf, das schmeichelt ihm, so nebenbei. Doch Hanold fällt auch wieder ein, was eben erst in seinem Rücken sich ereignet hat. Es holt ihn wieder ein, und jetzt ist er entsetzt, entsetzt von diesem Tod in seinem Rücken, der Vernichtung seines Traums, Gradiva; ist benommen von dem Bild, wie klar und deutlich und im Wachen sie ihm abgestorben, ihm, der Herr und Autor seiner Träume ist. Er denkt benommen an Gradivas Blick, den er ihr angedichtet hat, im Tode angetuscht: Gewillt zu wissen, anstandslos. Begraben in der Asche der Empfindung, im erkaltenden Gestein, das aus dem Innersten der Sinne barst. Und Mitleid drückt ihn, quält, er weint jetzt fast, aus Vorsicht wischt er sich das Auge aus, gedeckt durch Zoës heftige Umarmung. Sie bemerkt es dennoch, fragt Nanu und küsst ihn: –Ist wohl schmerzhaft, mich zu sehen?

Hanold fasst sich, jetzt gelingt es ihm. Wenn Zoë zu ihm spricht, ist er in Wirklichkeit getaucht, und alle seine Hinterstübchen sind verrammelt, aller Wahn ist ausgezogen. Traurig. Und tut wohl. Er fasst sich, was er sagt, ist kaum gelogen, kaum noch: –Zoë, wenn ich weine, weine ich nur aus Natursehnsucht. Das könntest Du inzwischen wissen.

Zoë lacht: –Da stehen Bäume!

–Eben! Die sind schuld, ruft Hanold. Ihr Gesicht begeistert ihn, zu welcher Schönheit Seele tüchtig ist, er möchte Zoë bei den Ohren nehmen, ihr Gesicht bei beiden Ohren nehmen, drehen, halten…

–Bah! Natursehnsucht, sagt sie, –sei froh, dass du es endlich in die Stadt geschafft hast. Da dein Heimatdörfchen...

–Ja, sagt Hanold, –ja doch, ich bin froh, so froh du willst. Nur bin ich eben Stadtrandmensch, mir juckt die Nase in der Stadt, sie juckt mir auf dem Land… Er stockt und reißt sich los, ihr Anblick ist bestechend: –Denn das kennt ihr nicht im Osten: Stadtrand, habt ja alles zugestellt mit Plattenbau.

–Im Osten gab's kein´ Stadtrand. Zoë abfällig, –ich habe ja schon viel gehört... wie unverschämt!

Er lässt sich nicht beirren, Hanold unbeirrt: –Darum erklär ichs dir. Der Stadtrand ist noch uneindeutig, Übergang nach beiden Seiten. Mythisch hier das Weichbild einer Stadt, und ländlich dort die Ahnung freien Menschseins...

Zoë prustet: –Ha, ich lach mich tot! Hier Mythos! Ahnung dort! Hier Baumarkt, dort die Tankstelle! Da hast du deinen Stadtrand.

Ihre Stimme ist so klar, im Ton präzise, Hanold freut sich daran… dennoch, wenn sie spricht…er wartet immer auf den falschen Ton. Ein gutes Instrument ist ihre Brust – wenn man es denn beherrscht.

–Naja, hast recht, sagt er, –ich hatte eben Glück mit meinem Stadtrand. Aber das ist gleichgültig. Ich komme gerne in die Stadt hinein – und wieder raus aufs Land. Das geht hier nicht. Kein Wechseln, rein und raus. Entweder drinnen oder nicht, wie schnell verarmt man da.

–Gefangen, lacht sie schadenfroh! –Dann musst du dir die Bäume eben träumen.

Sagts und mustert ihn. Es ist ihr gar nicht angenehm, wie er, was wirklich ist, bezweifelt, seine Wahrheit nur wie Leid annimmt, das ziellos den Gerechten plagt; wie er, geduldig denkend, in die Träume dringt, die Vorstellung, was nicht-seind dennoch ist, bloß weil er Kraft zur Einbildung besitzt; wie Anderes ihm wirklich wird – und Wirkliches dann anders... Willkürlich gewaltsam kommt ihr dieses Denken vor, vielleicht auch kühn, auf jeden Fall herablassend und unverantwortlich. Sie wird sich darauf einlassen, das will sie, irgendwann einmal, nur jetzt noch nicht.

–Ein Traum, sagt sie, –ist doch nur Wunscherfüllung, weißt du das denn nicht?

Er überlegt. Der Keller kommt und fragt. Das überfordert ihn. Er weiß nicht: Soll er Zoë sagen, was zu sagen ist – was Vorrang hätte, weil das Höhere stets Vorrang haben sollte – oder sich dem Kellner stellen, was noch doppelt schwierig ist, weil dieser Kellner sich als Mensch und Mann von Eigenarten zu erkennen gibt und seine Gäste mit dem Anspruch konfrontiert, Fragment zu sein, nicht nur Funktion. Das stört sehr. Hanold im Konflikt, er löst ihn nicht, bestellt bloß was. Der Kellner ist kein Kellner, denkt er, dieser Keller ist Besitzer, Wirt, ein sehr berühmtes Original. Die Leute sind nicht einfach Leute in Luisenstadt, sie sind bedeutend, sehen sich fast dauernd im Symbol. Der Wirt, ein dicker Satyr, tritt vor Hanold hin. Er fragt nicht, was er trinken will, er fragt, ob einen Wunsch, den dieses Haus in seiner Einfachheit erfüllen kann, er hege? Hanold hegt. Luisenstädtische Girlanden, man liebt Umstand in der Rede. Bloß das Sein der Leute drängt sich etwas auf, gelegentlich.

Und Hanold sagt: –Kaffee.

Sonst nichts. Und sagt, zu ihr: –Jetzt hab ich ihn doch wieder degradiert, zu seinem eignen Kellner ihn gemacht, im Geist zwar nur, doch immerhin; was prunkt er so, das ist doch mühsam, na, verzeih.

–Nein. Sie verzeiht nicht.

Auch gut, denkt sich Hanold, dann zurück zum Thema. Träume also Wunscherfüllung?

–Weihnachten ist Wunscherfüllung! Hanold sagt es sehr verächtlich.

Zoë lacht nur schallend.

–Wären Träume… jetzt belehrt er Zoë, –wären Träume, wie du sagst… er stockt, hält inne, überlegt: –Ich weiß es gar nicht, sowas! Hanold denkt. –Wie wär' es dann? Das eine wär, du hinktest. Hinkst du aber? Nein. Das andere, Gradiva ginge grade. Doch sie hinkt, das ist in Stein gemeißelt. Je, du siehst mich ratlos.

–Oder, sagt Zoë, –Zoë-Gradiva sind doch zweierlei!

Das kann wohl sein, denkt Hanold bei sich, sagt es ihr auch, aber: –Warum sollte ich das glauben, wie? Ich habe keinen Anlass, das zu glauben. Du schon gar nicht!

–Eine hinkt, die andre nicht, wenn das kein Anlass ist?

–Es unterscheidet euch, das heißt doch nicht, dass ihr nicht eins seid!

–Das klang anders, gestern Nacht, ruft Zoë aus, –da wollte ich Gradiva sein und durfte nicht! Ich durfte keinesfalls! Fast war ich eifersüchtig!

Sie bedenkt sich, setzt hinzu: –Nur fast! Ich war's nicht wirklich, das gehört sich nicht für Heilberufler, Therapeuten sagen nur: Wie interessant! Nur ohne Krankheitswert.

–Und dennoch deutest du die Träume?

–Hanold, sagt sie, leise, hinterhältig warm. Dazu beugt sie sich vor und fasst sein Bein, als wäre er nervös, ein Rennpferd, das man klapsen muss: –Mein Hanold, Wunscherfüllung ist ja schön, nur meinst du nicht, ich kann dir deine Träume noch direkter als im Traum erfülln? Ich dachte nur, nicht wahr, mich kann man anfassen und so. Du schreibst ja auch dem Weihnachtsmann zur Sicherheit die Wünsche nochmal auf, du mein verwöhnter kleiner West-Geliebter?

Hanold schnauft: –Der Weihnachtsmann ist nur ein Kohärenzmodell, das Glauben auf Geschenke reimt. Die Träume sind real, und, Zoë, deutet man Reales? Sag mir, deutest du den Vogelflug? Du Pionierin?

–Ich nun nicht, du schon!

–Gelegentlich, gibt Hanold zu: –Zur Sicherheit. Ich lese auch in Innereien. Ratten, Totgefahrne Tauben, Fische im Kanal mit aufgeblähten Bäuchen.

Zoë mustert ihn. Er wird verlegen. Zoë mustert ihn, es dauert. Zoë mustert ihn, dann stellt sie unverrückbar fest: –Ich liebe dich.

Und Hanold ist beschämt. Er strahlt, er kann es nicht verhindern.

–Es ist nett mit dir, raunt er und lässt die Blicke laufen, ohne Richtung, sucht, sich was von Ironie zu geben, räuspert sich. Das ist die Heiserkeit der Wunscherfüllung.

–Ah, ich wollte, sagt er, folgt gedanklich seinem Blick, –ich spräche in Vergangenheitsform…

Hanold in Augurenpose, merkt es, will es überspielen, sieht sie an, versucht zu schäkern: –Mal im Ernst! Stell es dir vor! Denk… denk dir nur, wir könnten uns ganz locker in Vergangenheitsform lieben, reines blutiges Präteritum, und alles, was geschieht, ist aufgeräumt, Geschehen, fest gefügt, ganz langsam tröpfelt Gegenwart hinein.

–Von oben, fragt Zoë?

–Von oben? Was weiß ich? Von allen Seiten! Meinst Du denn, der Augenblick kommt immer nur von einer Seite?

–Ach, wie schön, seufzt sie, –das Leben, eine Wasseruhr! Und zündet eine Zigarette an. Und raucht. Und denkt. Und lacht: –Das ist vielleicht mal ausnahmsweise ein ganz guter Einfall, mein Patient, mein schwieriger; zwar schräg, das bleibt dir unbenommen. Also wollen wir von jetzt an sagen: Oh, wir liebten uns! Du redetest nur Unsinn, Herz! Hast recht: Das ist viel weniger vorbei als Gegenwart... und sehr viel dauernder: Sie sagte: Komm, wir wollen gehen.

Hanold, Zoë, was man so ein Pärchen nennt.

Sie stehen auf und machen sich bereit zu gehen. Um sie her, am Heinrichplatz läuft Volk zusammen, Polizei wird sichtbar, Megaphone hier wie dort, Plakate, Taktik, Absichten. Es ballt sich, zaust sich und entsteht. Der Wirt treibt Aufwand mit dem Abschied, Hanold steuert Schnörkel bei. Oranienstraße relativ entropisch, Rotten klumpen, Denken setzt sich. Zoë gibt sich übermütig, gleich wird demonstriert, da ist sie dann gefordert, jetzt noch frei. Sie übt sich in der Gangart der Gradiva, stellt den Fuß, den nachzuziehenden, schön senkrecht auf die Zehen – und hüpft drumherum im Kreis. –Das geht nicht, prustet sie, –man geht dabei ins Knie! Ich hab's bewiesen!

Hanold, Zoë schließen sich dem Haufen an, Demonstration und Polizei. Oranienstraße leert sich, der Protest saugt alles ein, was heimisch ist und seinen Willen hat. Der Rest bleibt unbemerkt zurück, man ballt sich um die Kneipen. Kreuzberg hat noch was zu schaffen, einsam drängeln sich Touristen ums Lokal. Indes der Zug rückt vor zur Spree, die Fährte ist noch sichtbar, so viel Nachzügler, versprengtes Volk, es zuckelt plaudernd seiner Wege. Abendlicht und Schatten in Oranien-straße sind Musik gewichen, aus den Türen dringt sie, dringt aus Autos, taumelt auf die Straße, paart sich willenlos mit

Lärm und sinkt im Staub zusammen. Hanold sieht auf Zoë neben ihm. Sie schreitet vor im Zorn, sie ist jetzt zum Protest erwacht. Den kurzen Schlummer des privaten Glücks – das Scherzen und Geblinzel – hat sie hinter sich, sie reibt sich mitleidlos die Augen und nimmt öffentliche Dinge in den Blick.

Man merkt die Schule, findet Hanold, Osten, Westen, Zoë wurde für das Ganze großgezogen, nicht das Eine, so wie er. Das kann sich sehen lassen, denkt er. Leider weiß er nie, wann sie Gradiva ist. Er weiß nicht, wann Gradiva ist. Nicht, wer den Kopf dreht und ihn ansieht, Zoë oder sie. Er stolpert über eine Hundeleine, Herrchen schimpft, der Köter jault und jemand lacht, ein Polizist stößt vor. Er flucht. Weil er verwirrt ist, tut der Hund ihm leid. –Der arme Köter, mault er, –weiß ja nichts von seinem Halsband, wie auch anders sollte er jetzt denken, ich sei schuld, dass er gewürgt und umgerissen wird!

Gerührt sieht er dem Hund nach. Zoë grinst: –Sagt ausgerechnet so ein Sitzgelehrter. Hanold im Studierstuhl, schaukelt sich und spekuliert, wann es den Leuten schwindlig wird.

Und sie vollendet ihren Angriff: –Gut, dass du mich hast, jetzt lernst du mal, im Kollektiv zu denken.

–Oh, sagt Hanold, –euer Kollektiv wird nicht gegängelt wie ein Köter? Euer Jaulen ist nicht das des Hundes, den man prügelt? Und ihr hängt nicht einfach an der Leine, deren Namen ihr nicht kennt noch nennt? Ihr seid so frei und wisst, dass es vergeblich ist, was er ihr da tut. Verzeihung, das ist hilflos: In der Niederlage Sieg zu schreien, Sieg, mit selbstgerechtem Lächeln, schiefem Grinsen, das besagen will: Was bin ich für ein frecher Dadaist! Ihr feiert hier am Tag der Niederlage eurer Sache eure Überlegenheit, und diese Überlegenheit besteht genau in diesem einen Punkt: Protest ist lustiger, als Macht gehabt zu haben. Und Protest hat Geist, die Macht nur schlechte Laune. Schöner Trost...

–Vielleicht ist das ja gar nicht falsch, sagt Zoë listig, lässt sich Zeit für eine Pause… –Aber das ist ganz egal! Du sagst noch Ihr, du sagst noch Euer, ja, du wehrst dich trotzig, Kleiner, aber das ist jetzt vorbei, du meinst längst Wir und meinst längst Unser. Klingelt es im Ohr? Das ist der Unterschied.

–Na immerhin, sagt Hanold, –Geist ist wirklich. Aber Macht? Nur eine Spielart von Versklavung. Goldne Fesseln. Bitte sehr, viel Spaß damit.

–Ja, so gefällst du mir schon besser, Bürger! Zoë tätschelt ihn zum Lob, –Belohnung später, hinterher, was Raffiniertes.

Hanold sieht sich um. Der Zug geht über Schillingbrücke, Abendlicht als Kräusel auf der Spree. Tatsächlich, niemand ist hier finster, niemand schnauft und ringt um Luft in seiner Unmacht. Zoë vorneweg, sie ist nicht finster, nicht in Wut getaucht. Sie plantscht darin herum, vergnügt, als würde sie in Duftfässer gesteckt. Zwar: Streng ist sie, erbittert auch (dabei von großer Schönheit), doch der Sache nach. Allein: Die Sache ist nicht sie. Dabei geht es um ihren Kiez, denkt Hanold, ihren Lebensraum, sonst gibt es keinen so wie hier. Es geht um ihre Nische in der Welt, in die sich Spekulanten drängeln, Bauherrn, Gauner, Pläneschmiede, die die Stadt in Plastiklumpen hüllen. Eine Bande, heute feiert sie den ersten Sieg! Am Friedrichshainer Ufer drüben haben sie Triumph gebaut, abscheulich anzusehen: Weit und breit planiertes Brachland, Parkplatzwüste, mittenmang ein Monument, Arena, Stätte, Ort; ein Colosseum maximum aus Plastik und mit Lichtern. Dort soll sich die Masse unterhalten, sich den stumpfen Nerv bejucken. Wohlfühlkäfig für die träge Seele. Es kocht hoch in Hanold. Eben auf der Brücke hat er freie Sicht auf das, was niemand jemals wollen konnte, niemand hätte wollen dürfen, nie: Das erste Bauwerk einer neuen Stadt, Triumphbau arger Plastikteufel.

Er wird böse. Aber Bösesein ist keine Haltung. Um sich inhaltlich zu fassen, nimmt er Zoës Hand, sie ist nur soviel Zorn, als nötig ist, der Sache nach gedacht, so dass sie nicht in blinder Laune untergeht, im Duftfass sich ertränkt. Zugleich jedoch – und andererseits – und das bewundert Hanold – denkt sie so der Sache nach, verleugnet sich zum Träger dieses Denkens so, dass sie zwar heiter bleibt, doch die Distanz nicht wahren muss. Das ist ein Phänomen, denkt Hanold amüsiert und drückt die Hand, das ist ein Phänomen, ich stolpere, ich staune, seh' mich um und wäge ab, bewerte dies, bemerke das... und lache über einen wie da drüben, den mit schwarzem Hut, der den Investor spielt und sich so zierlich und manierlich ist und vornehm tut mit seiner Rolle... Dummkopf, Rolle oder vornehm tun, entscheide dich... und bleibe dem Protest so fremd, dem Haufen Protestierer, wie auch immer mich der Gegenstand erhitzt. Nun aber Zoë, sie ist Teil, der Sache nach erzürnt, sonst ruhig und heiter, unbetroffen, dennoch ganz und gar von der Partie, sie schaut nicht erst in die Gesichter, lässt sie sich nicht erzürnen, sie hat längst im Perfekt den Entschluss gefasst, Gefäß zu sein für den Protest, in Gegenwart hat sie nicht nötig, reserviert zu schauen, hat nicht nötig, stumm in Wut zu fallen.

–Das jedoch, er sagt es laut, –das nennt man rational.

Zoë sieht ihn an. Sie weiß, er wird nichts weiter sagen, Zoë gibt ihm einfach blanko recht. Und schüttelt doch den Kopf.

Sie trotten von der Brücke, ziehn am Ostbahnhof vorbei. Ihr Ziel, den bunten Käfig, Plastik-Zirkus, haben sie nun vor sich. Spannung weht wie Abendwind den Fluss hinauf. Auch Hanold ist gespannt. Das ärgert ihn. Er wehrt sich, sieht in die Gesichter, glaubt gar, Würde zu entdecken, lächerlich hieratisch. Ja, es kommt ihm vor, als falle dieser eben noch so vielgestalte Zug in einen Trott, nicht Marschtritt, aber Trott, als würde man gemeinsam Stanzen treten. Bunter Haufen, grade noch so autonom, maskiert sich als ein Umzug, als ein Spießer-rummel, der von sich nur denken kann in Form von ungeübten Knittelversen. Hanold schüttelt sich bei dem Gedanken: Was so frei begonnen hat, verkommt zur Bürgerhochzeit. Das ist der infame Zweck, der böse Taten reitet wie der Sohn den Esel – Hanold lauscht gespannt der Konklusion, die er jetzt ziehen wird – ein Kult in doppelter Verschanzung: Was den Götzen-dienst des Billigen befehdet, des Banalen, wird ihm anverwan-delt, wird banal.

Der Weisheit Schluss ist: Weg von hier, nach Haus. Nur Zoë will ja demonstrieren! Hanold fragt sie: –Hör mal, die Parole dieses Umzugs lautet doch: Wir feiern mit! Nicht wahr?

–Ganz recht, warum?

–Ich frage mich, wozu die Polizei hier aufmarschiert. Ich würde uns mit Wurst bewirten! Aber Investoren sind stupide, selbst noch im Triumph, Entscheider, die entscheiden, ob der Hahn kräht auf dem Mist.

–Das glaub ich nicht, sagt Zoë, –so doof sind die nicht. Die wissen schon, wie man dem anderen die Schau stiehlt, und sie wissen, wer das noch weiß! Jeder kann sich denken, dass so Tempelweihe freudlos ist. Wie üblich Trubel, Kameras und fal-sches Lächeln – aber jetzt, so mittendrin ein paar Verlierer, die krakeeln? Die Macht soll Spaß verstehen? Und ihre Inszenie-rung lassen? Nein, das kann man nicht riskieren, soll ja grade aussehn wie ein Volksfest, Heil und Sieg und fette Bäuche würden die ganz anders feiern. Wolln sie aber nicht.

–Die steife Zier des Geldes knittern, murmelt Hanold, –nein, das funktioniert nicht, Demaskierung demaskiert sich selbst. Bei diesem Plastik-Monument wird alles Plastik, auch der reinste Widerstand. Die Polizei ist eure Rettung, glaub mir doch. Ihr würdet mitten in die Szene platzen, euch wie Hot-zenplotz berappeln, dass die Menge johlt. Am Ende kommen hundert Seppel, stecken Hotzenplotz ins Loch. Da sitzt er. Und der Böse, Kasper, lacht in der Kulisse.

–Schau dich um, erwidert Zoë, –schau, die wollten vornehm tun, mit bunten Lichtern feiern, Sekt und prominenten Gästen – die sind jetzt ganz bleich – da, sieh, siehst du, die Tante da im Kleid? – Die flieht schon, kommt gar nicht zu ihrem Fest. Ja, dumm gelaufen, Schätzchen! Und was glaubst du wohl, woran das liegt? Die Polizei kann offenbar nicht unterscheiden zwischen echten und gefälschten Gästen. Da, guck dir das Pärchen an, in Frack und Abendkleid, da drüben! Wie die diskutieren müssen mit den Bullen! Hättet ihr wohl nicht gedacht, ihr Aufziehpuppen…

Zoë lacht begeistert, Hanold schweigt. Das Pärchen, das sie zeigte, wird jetzt durchgelassen, rings von höhnischem Applaus begleitet.

Zoë fasst sich: –Ist das nichts? Die wollten lächeln, wollten uns betrügen, wollten all ihr Lügenglück für uns erheucheln, Kameras im Schlepp. Jetzt müssen sie beweisen, wer sie sind, gebückt durch Sperren hasten, und man klatscht nicht, sondern johlt.

–Und außerdem, schließt sie, –was kümmert mich Erfolg? Hier geht es um Präsenz! Prinzipien, Liebster!

Hanold ist sich unklar. Nicht, dass er sich nicht geschlagen gäbe – nur es steckt der Wurm drin, und den will er finden.

Eines immerhin ist ja erreicht – das gibt er zu: Dass hohe Gäste, wohl gewohnt, bekannt zu sein, nun ihre Pässe suchen. Das verärgert. Das ist ungewohnt. Beargwöhnt von der Obrigkeit, dass kein Protest sich einschleicht? Das ist wider die Berufsbeschreibung: Prominente schleichen nicht! Denn wer sich erst mit Anpassung geharnischt hat, mag nicht des Besseren, der Differenz, verdächtig sein. So kehrt sich das Gewissen aus sich selbst, denkt Hanold. Und wir stehen freudig angewidert. Wo bleibt nun der Wurm?

Am Postbahnhof wirds eng. Der Weg voran gerät zum Schlauch, zur Linken, Rechten steht die Polizei Spalier. Ganz langsam ist sie aufmarschiert, hat sich mal sehen lassen. Plötzlich ist das Aufgebot massiv. Die Nebenwege werden abgeschnitten. Wie gemacht ist das Gelände für den Hinterhalt: Der Engpass zwischen Postbahnhof und East Side Gallery. Man kommt sich näher, der Protestzug wird bedrängt, muss sich formieren, unterwirft dem Formprinzip der Enge sich, der Haufen lässt sich ködern, lässt sich drängen, ordnet sich, verkleidet sich als Aufmarsch, murrt. Protest ist Bürgerrecht, doch übersichtlich soll er sein, an seinem vorbestimmten Ort, nicht weit von seinem Ziel entfernt, noch weit genug, dass aber dort die Ruhe nicht gestört wird, möglichst auch schön aufgestellt in Reih und Glied, kein Wogen bitte, dass es sich nicht aufschaukelt, und alles dicht beisammen, denn wo drei sich abgesondert haben, droht schon unvermeidlich Stadtguerilla. Es wird klar: Der Umzug bummelt nicht mehr lässig durch die Stadt, jedoch marschiert er auch nicht, nicht aus eignem Recht, er wird nur vorgelassen als Protestmarsch. Was sich demaskiert als böse Absicht, das allein darf vor. Und jeden Meter Raum zu seinem Ziel bezahlt der Zug mit einem Meter rechts und einem links. Das macht es eng. Der Zug wird eingeschnürt vom Kopf her, den er sich voranträgt, in den Engpass schaukelt als Monstranz – bis er verrammelt ist. Es stockt und staucht sich. Hinten drängeln Nachzügler, zugleich rollt gegenläufig aus der Spitze schon so was wie Rückzug. Wellen laufen ineinander, dringen durcheinander, brechen nicht. Dann steht es still. Was immer es auch war am Heinrichplatz, das aufgebrochen ist – ob Freimut, Meinung, Obstruktion, ob Sonnenschein und abendliche Laune – was es war, ist institutionalisiert: Zur Dissidenz. Als Fronde amtlich fest- und ausgestellter Freisinn. Schließlich: Wer nur seine Meinung äußern wollte, ist der Falle längst entkommen, ist ja durchs Spalier geschlüpft, als es noch durchließ! Ja, denkt Hanold, so ist das: Wer noch zur Umkehr willig war, wer Unfrieden nicht buchstabiert wie Bürgerrecht – der ist längst weg! Das ist der eigentliche Hinterhalt. Das ist die Klugheit der Organe. Tückisch. Recht so. Hanold fühlt sich zweimal jetzt zum Kampf gestimmt. Der Umzug wurde ausgesiebt, wer jetzt hier festsitzt, ist nicht Bürger, sondern Störenfried. Da hilft kein Frack mehr, elegantes Mienenspiel, devot tun, harmlos, oder sein – unhintergehbar steht das amtliche Aposteriori fest: In diesem Kessel ist Protest, geduldig ausgekocht, ganz rein. Und folglich: Hier ist jeder bürgerliche Schein Verstellung, ein Gewürz, dass man das Gift nicht riecht.

Ganz recht, denkt Hanold, denkt sich giftige Gedanken. Prima ausgedacht: Die Sachlage ist schließlich absolut, Entkommen gibt es nicht – es sei im Rückzug ins Private. Geh doch heim! Sei teilnahmslos und unsichtbar und geh... Bell ruhig den Trottel an, der über deine Leine stolpert: Potz, du Flachkopf, siehst du nicht? Die Hundeleinen sind im Himmel festgemacht!

Er denkt es zähneknirschend, aufgebracht. Das ist nicht seine Art, er mag das nicht, doch er ist ernstlich aufgebracht.

Und zwischen Zähnen stößt er es hervor: –Na bitte! Wie die Schulkinder, sie haben uns! Mal wieder protestieren gehn... Primaner-Dummheit! Was auch Wunder, wie soll was draus werden, wenn man losmarschiert und etwas ernst meint! Lächerliche Pose – ernsthaft ernsthaft sein, das lässt sich nicht mit Ironie verkleistern. Ernste Absicht ist in Fleisch und Knochen manifest, wie lächerlich das ist!

Er hat Protest gemieden, Hanold, früher, physischen Protest, der sichtbar ist und öffentlich, der sich zusammenrottet, geistig auf das Nötigste beschränkt und unbeweglich starr nur physisch Masse macht. Stattdessen Pose: Unleidlich, zu kurz gekommen. Ungezogen und verstockt, das ist Protest. Ein hoher Preis, bloß dennoch rechtzuhaben. Gleichwohl: Setzt man sich nicht durch? Auwei. Sich durchzusetzen heißt, ein lächerlicher Mensch zu sein!

Er hat schon lieber aufgeschrieben, was ihm einkam, viel genauer ist das, klüger, unverfälscht. Es ist ihm fremd, nur Ansichten zu inkarnieren, Meinung, ihm ist das zuwider, Meinung man muss geistig destillieren, auf Papier, selbst wenn es keiner liest. Und man ist schwerer angreifbar, wenn man der Urheber, der Schöpfer eines Widerstandes ist, den Worte leisten; den Gedanken tragen, nicht bloß Leiber, Physis, eigen oder fremd, das mischt sich ja. Und Mischung reißt die Flanke auf, macht angreifbar, mit Recht und Unrecht, Mischung schenkt dem Feind sein Unrecht, gibt ihm recht, mit Unrecht anzugreifen, wie es ihm so passt...

Dies ist das eine. Hanold ballt die Faust, denkt weiter: Dann die Wut! Der offene, der physische Protest ist selten mächtig, meist nur gläubig. Glaube macht ihn stark, das wohl, er macht ihn tüchtig, viel zu dulden, manchmal auch zu überwinden, aber zu ertragen allererst – die Repression, den Widerstand der Dinge, die er auszuräumen angetreten ist. Protest ist Jenseitsglaube, der sich foltern lässt. Wer physisch protestiert, setzt physisch sich dem Unrecht aus, das er erkannt hat und ihm wehrt, weil er es angegriffen und benannt hat erst. Darum, er denkt es mit geballter Faust, muss man ertragen können, und das kann ich nicht. Ich kann die Repression im Geistigen ertragen, festgespannt im Folterstuhl des Ungeists, ja, das kann ich, lange, zäh – und widerrufe nichts. Nur diese Polizei hier, diese feiste, grinsende Gewalt, ich will ihr wehetun und untergehen! Ihr in die Fresse... was verboten ist; was mir verboten ist – durch mich verboten.

Hanold still und starr. Er steht. Es schiebt und drängt sich um ihn her. So sehr der Umzug stillsteht, wimmelt es in ihm. Subjekte drängen sich, die Träger des Protests. Die Sache hat

sich festgefahren zwischen Fluss und Gleisen, zwischen Post-
bahnhof und Spree, am schönbemalten Rest der Mauer ächzt
gesonnen die Gemeinschaft, hart bedrängt durch Hemmung.
Jedem Einzelnen raubt das die Last, er tummelt sich und tut
sich um, des vorgefassten Willens ledig, unbillig auf sich ge-
worfen, schießt nun quer und regt sich, sucht, was er doch tra-
gen wollte – was ihm fortgenommen wurde, ihm, dem Träger
des Protests. Doch der Protest ist hin, ist amtlich eingekesselt,
seiner Träger überhoben. Nackt sucht sich Gemeinschaft wie-
der – und erkennt sich nicht. Was sie gebunden, ist gelöst. Es
wimmelt.

Mitten unter ihnen Hanold, kocht vor Wut. Er denkt: Ich
wollte einen Stein! Bloß um ihn in der Hand zu halten, Stein-
chen, Pflastersteinchen, kalt und grau in meiner Hand. Denn
Hanolds Wut ist Wut, dass er so wütend ist. Ein wenig Polizei!
Na und? Das macht man heute so, heißt Sicherheit und dient
dem Schutz des Bürgerrechts! Und er will fort, nur weg, nach
Hause, wo die Bücher sind, Papier, wo er die Wut begründen
kann, das Polizeispalier zerreißen, weil dort Gründe Wirkung
zeigen und das Sein am Sollen hängt – da hält die Absperrung
nicht stand, und dieser Zirkus dort, die Stätte, die Arena – viel
zu hässlich für die Wirklichkeit – im Geistigen... naja, kann
man sie stehen lassen, da in ihrem Narrenkleid mit Blinkelicht.
Auch Abscheu braucht Erbauung. Doch im Wahn des Wirkli-
chen... Nun.

Solches denkt sich Hanold und noch mehr. Es dunkelt
rasch. Der Tag kühlt aus, man schmeckt und riecht den Diesel,
Ordnungsmacht in Bussen. Etwas weiter quietscht ein Zug,
hysterische Normalität, gemütlich. Zoë schlägt ihm vor: –Wir
fahren auf die andre Seite! Sehen, wie es da aussieht; ob man
da durchkommt!

Soll es drüben anders sein, denkt Hanold? Sagt es nicht,
stimmt zu. Sie ist so unverdrossen listig, ist auf Abenteuer aus,

Verstecken, Rennen, Lachen. Daran soll er sie verhindern? Ist er denn ein Narr? Verdrießlich? Ist er unfrei, seine Stimmung zu regieren, dies Milieu, durch das er denkt; die Stimmung, die ihn lenkt? Er horcht, man diskutiert, man trinkt, die Flaschen klingen, Gründe. Leiber ratlos, Köpfe hitzig. Durst. Ein Demonstrant mit Fahrrad wendet sich zum Rückzug, klingelt mit der Glocke, macht ein lustiges Gesicht, voll traulich-biederer Gedanken. Niemals hätte man den halten müssen, Plastik sein Protest. Ein Ausflugsdampfer tutet, Zoë hakt in Hanolds Arm, sie zischt: –Die recken jetzt die Hälse nach dem Kasten, Blechkahn voll Touristen, alte Wunder, neue Wunder, Plastik-Zirkus, bunt, mit Lichtern...

–Ferne Hauptstadt an der Spree, fällt Hanold ein! Er grimassiert, küsst hilflos die Geliebte. Zoë schnauft entschlossen, macht sich los. Sie schreitet vor. Sie windet sich ins Allgemeine, schlängelt durch die Menge, schiebt sich vorwärts, seitwärts um das Eigentümliche, die Eigentümlichen, sie streckt sich, bückt sich, linke Schulter vor, die Leute stehen ungeordnet, harren eine Ordnung um den Weg, den sie beschreibt und findet, bleiben, werden ihre Wegmarken – für einen Augenblick kann Hanold sie nicht sehen, Hanold sieht sie nicht... da sieht er sie, ihr Gang fällt auf, der Blick erhoben, jetzt… jetzt ruht ihr Körper auf der Zehenspitze, sackt jetzt auf den tauben Fuß, so hinkt Gradiva aus dem Kessel, vornehm, Meinung ist hier ausgesiebt? So dass nur, amtlich offenkundig, Widrigkeit verbleibt? Gradiva lässt den Kessel, gibt sich kund als ihr Symbol, in Stein gemeißelt, schreitet vor, vollendet sich in ihrem Bild – Gradiva neigt das Haupt und hebt – ganz leicht – die Schöße ihres Kleides, steht jetzt wie gerahmt. So tritt sie auf die Polizisten zu und sagt wohl was und nickt, hebt kühl den Kopf – man lässt sie durch. Gradiva ist zum Fest erwünscht. Sie dreht sich um, erlaubt sich einen Blick zurück, der zu diskret zum Deuten ist, zu frei zum Missverstehen – schlendert plötzlich. Sie ergeht sich, wandelt lust, umwandelt müßig dieses Bauwerk, wohl berühmt, Arena, Stätte, Ort... Sie schätzt es teilnahmslos, sie schätzt es ab.

Er denkt sie, während er sie sieht. Sich selbst ist er ins Imperfekt gefallen. Was an ihm er selbst ist, Hanold, ist nur Augenmerk auf sie, Benommenheit von ihr, und dunkel ist er sich im Wesen.

Hanold springt ihr nach, die Augen voller Staub, erträumt die Spur ihres emporgestrebten Fußes, Bild der Narrheit. Sieht sich zu als seine närrische Vergangenheit, wie er durch Menschen taumelte, sie drängelte, in ihre Gruppen sprengte, vor gerechtem Zorn geschützt durch Narrheit, nackt auf dem Gesicht im Imperfekt getragen: Narrheit! Blinder, der sich aus der Gegenwart gefallen, Allgemeinheit lässt ihn durch, nur Eigentümlichkeit murrt hier und da, erstaunt, man lacht ihn aus. Er prallt ins Polizeispalier, längst war ihm klar, dass ihm das Schauspiel wird missraten sein, das er jetzt Zoë nachtun muss, um ihr zu folgen. Hanold sah sich, wie er wird im Wahn gestammelt haben, grimassiert; sah, wie die Geste seines Leibes wird nervös entartet sein, nicht Feier der gemachten Welt, nicht Poesie der Schöpfung, Täuschung, wie gefordert: –Lasst mich mal, ich bin geladen, da, ihr seht ja meine Kleine, ist schon ungeduldig, Obacht, ja, sie lacht, das täuscht. Erkennt ihr denn in mir nicht den Touristen? Nix Protest, igitt, die Stirn ist mir schon gramzerfurcht, so sehr bewundre ich, was so geschieht, gebaut wird und sich machen lässt, ich zolle Liebe zum Erbrechen und erbaue mich an Neuheit, weide mich, dass mir die Kiefer knirschen, Ehrfurcht schüttelt mich vor Plastikmonumenten, da, mein Mädchen winkt... Er sah, wie er sich lächerlich gemacht wird haben, nicht als Narr zurückgeschickt mit einem Schmunzeln, nicht mal das, bloß Ungeduld und Zorn wird Hanold sich ermartert haben, kurz und schnarrend abgewiesen, närrischer als Narren.

So ergeht es Hanold stets, wenn er sich absichtsvoll begegnet; anmaßt zu bestimmen, wie und wer und was er sein will, wie sich tragen zum gesetzten Zweck; wenn Hanold Hanold Marionette werden will – er kann nur frei sein in der Brechung, die der blinden Handlung widerfährt, wenn in den Spiegeln der Betrachtung sie sich fängt, der Selbstbetrachtung einst und jetzt, und wie ein Echo schwächer wird und reiner und sich ganz verliert im Sein des Selbst. Das Selbst erzählt sich, wie es sich sich selbst erzählt, und ahmt sich nach dabei. Das Spiel hat Anmut, Anmut schöner Handlung. Hanold wird ereilt von Anmutung, wenn er sein Handeln sich erzählt und sein Bewusstsein seiner Handlung mit der Aufmerksamkeit begreift, die unhistorisch ist und nicht er selbst, nur Hanold nachempfunden. Schönheit närrischen Betragens. Hanold sinkt genarrt zurück in den Protest. Er atmet tief. Denkt: Andrerseits.

Die Anmut eines Trottels, andrerseits, hat auch ihr Recht. Verlust der Anmut führt zu Anmut.

Hanold macht sich frei. Er atmet. Zoë ist enttäuscht, das rührt ihn, aber es betrifft ihn nicht. Sie kommt zurück und ringt mit Unmut: Ungeschickter Mensch.

–Du bist ein Tölpel, sagt sie zärtlich, sagt sie düster. Mustert ihn: –Das war doch Sabotage, du Bourgeois?

–Dann müsste ich mich nicht so schämen, brummelt Hanold.

–Schämst du dich? Weil du ein Tölpel bist, kein Saboteur? Dann glaub ich dir. Dann tröste dich... Du hast es ja versucht – und bist sehr gut im Bett. Das unterschätzt man leicht!

–Deswegen schäme ich mich...

–Ach?!

–...ja, weil ich es versuchen musste. Nein. Und eigentlich – noch nicht mal deshalb. Hätte gar nicht mit dir kommen sollen. Sollte gar nicht hier sein. Mir bekommt das nicht.

–Und was bekommt dir nicht?

–Die Masse. Wahrheit massenhaft verpöbelt, Recht wird Ungezogenheit. Gedanken werden schwarz und rhythmisch, meine wenigstens, wenn ich versuche, mich zu allgemein zu machen. Das ist krank, da bin ich lieber unwirksam.

–Du redest Quark, sagt Zoë, –nix mit krank, das ist das Über-Ich. Gewöhn dich dran, das tut dir gut, das ist gesund. Dein Lichtlein darf mal Pause machen, später wieder funzeln.

–Habe nun mal Angst im Dunkeln.

–Ach, wenn's dunkel ist, wird halt geschlafen, Augen zu, ich singe dir ein Lied.

Sie dreht sich um, dann fällt ihr noch was ein: –Ihr Bürgersöhnchen! Protzt herum mit eurer Ich-Potenz und freut euch noch, Sadisten, wenn das Über-Ich asthmatisch röchelt, kranker kleiner Bastard, überzüchtet, saft- und kraftlos...

Hanold lacht. –Wie redest du vom Privileg der Freiheit, fragt er sie, –das ist mein Erbteil!

–Erbe? Pfui, da schäm' dich was!

–Kein bisschen. Erbe ist Gedächtnis. Darf man zwar durchaus besteuern, bitte sehr, auch umverteilen, aber eben auch erlauben, dass es sich verzinst.

–Dass ich nicht lache, spottet Zoë, –du warst doch längst vorbestimmt zum Träumer! Hast doch nie die Chance gehabt, ein Mensch zu werden, nützlich, klug und tätig. Armer, hochgelehrt und grundverrückt... Dein Erbe!

–Oh, das werde ich dich schon noch lehren! Hanold reckt die Nase hoch: –Ich bin so frei. Geboren, Schicksal zu ererben!

–Hört, ihr Leute, muss euch sagen...

–Frei, ein Schicksal zu verdienen! Hanold streckt den Zeigefinger vor, doziert: –Mit Unausweichlichkeit und allem Pomp des Tragischen! Was du für Freiheit hältst, ist nichts; ist nichts als absolutes Nichts, du hinkst und willst nur Willen. Neid und Mäkelei heißt das.

–Das ist wohl Absicht, wendet Zoë ein, –dass ich nicht weiß, von wem du redest, wenn du Du sagst?

Hanold lächelt eine Randbemerkung. Nickt ihr zu. Im Bahnhof, menschenvoll. Im Haupttext fährt er fort: –Das nenn ich Futterneid: Ein Schicksal! Fleischtöpfe, voll Leben, voll Begeben, Augen werden groß und größer und der Magen schnürt sich ein, dann wird gequengelt: Ich will frei sein zu entscheiden! Wie denn? Was denn? Ganz egal, der Wille will sich außer dem Zusammenhang. Wie dumm von ihm! Wie wenig weise. Weisheit, heißt es, mache schüchtern, nun, und Freiheit lebt von dieser Schüchternheit. Ich muss nur Haltung wahren vor dem Schicksal: Werde schon gewollt zu haben wissen! Das macht frei, und diese Freiheit kann man erben, kann man wahren, kann man auch vertun, ganz wie ein materielles Gut. Ich glaube, dass die Freiheit dinglich ist – sonst wird sie hohle Redensart und zieht ein Schicksal nach sich, das beklagenswert, weil sklavisch ist.

Zoë schüttelt sich, sie lacht sich schief: –Du Professorensöhnchen! Lass mal erst den Sozialismus kommen, und der schnaubt: An deinen Ort! Die Söhnchen in die Produktion! Vielleicht auch: Du wirst Ingenieur in Mainz!

Sie steigen in die S-Bahn, Zug voll absichtsvoller Demonstranten, in dem Wunsch geeint, sich trickreich zu gebärden: Holla, fahren wir halt auf die andre Seite! Schauen mal, wie es da aussieht!

–Es kommt drauf an, sagt Hanold, –wann er kommt, der Sozialismus. Wäre er vor zwanzig Jahren schon gekommen, hätte so gesprochen... na, wer weiß, ich wäre heute Ingenieur in Mainz! Das ist nicht ausgeschlossen, nichts ist jemals ausgeschlossen. Aber wenn er heute kommt, der Sozialismus, sieht mir ins Gesicht und redet: So und so – nach Mainz, werd´ Ingenieur! Dann wäre er nicht klug – und ich nicht glücklich.

–Du bist frei geboren, ich bins nicht, sagt Zoë. –Ist das Unglück? Oder Glück? Verstehe ich die Freiheit darum schlechter? Oder schätze ich sie einfach höher, weil ich weiß, sie ist nicht selbstverständlich. Materieller als man denkt, und flüchtig, so viel flüchtiger, als man sich wünschen sollte...

Hanold sieht sie an, er fühlt sich kleinlaut überlegen. Sagt: –Ja allerdings, das ist kein kleines Privileg: Vermögend auf die Welt gekommen. Erbe. Gib nur zu, wie spannend du das findest. Weißt du denn, was es bedeutet, in ein Haus zu kommen voller Bücher…

–Weißt du, was es heißt, wenn ich mein Knie hochziehe?

–… das die Überlieferung noch pflegt, darin zu lesen! Das ist echter, alter Reichtum, sehr geliebte Sozialistin, nämlich Reichtum an Geschichten. An Geschicken. An Gedanken.

–Schmerzen.

–Was denn?

–Schmerzen. Es bedeutet Schmerzen, wenn ichs Knie hochziehe. Schmerzen im Gemächte.

–Schmerzen. Wer mit Gut beerbt wird, hat nicht nötig, über Schmerz zu wimmern. Wer mit Gut beerbt wird, hat nicht nötig, mit dem Schicksal groß zu geizen, mit dem eigenen klein bisschen Schicksal. Darf es aber auch nicht nötig haben, das ist Auftrag solchen Erbes. Wer beschenkt wird, hat nicht nötig, sollte auch nicht nötig haben, jeden einzelnen Gedanken je für falsch zu halten oder wahr! Und wer vermögend ist, muss nicht sein Leben lang nur kriechen durch den Schlamm und Kot des Wirklichen, er kann sich leisten, muss sich leisten wollen, nicht zu unterscheiden, was real ist, wirklich, wahr. Das nämlich ist die Kehre echter Freiheit: Vorbestimmung. Habe nicht die Wahl, dein Knie zu fürchten.

–Mann, bist du empfindlich.

–Habe nicht die Wahl, die Träume nicht real zu glauben. Traum ist nie ein toter Schatten, Traum ist jederzeit reale

Wendung, die die Dinge nehmen können, Traum ist, was sonst außer dem klein bisschen Wirklichkeit noch ist. Die Wirklichkeit macht Dinge nicht besonderer, sie zeichnet sie nicht aus vor bloß erträumten Dingen. Wäre auch ein schönes Dasein, traurig: Alle Sensation, Empfindung nur aus diesem einen Leben nehmen müssen, das man hat. Und das, obwohl die Hinterlassenschaften zahllos sind, ein Ozean von Wirklichem, ein freies Erbe, jedem Sinn begreiflich. Alles, was es braucht, ist eine Unterschrift: Ich denke, dass real ist, was die Welt nur mit dem Vorbehalt betritt, auf sein Geschehen zu verzichten: Wahrlich, ich bin ja schon als Idee real, behalte mir das schier Tatsächlichsein mal vor, als Nacktheit für gewisse Stunden. Datum, unterzeichnet und so weiter.

Weil ihm die Emphase peinlich ist, die sich ihm eingeschlichen hat, setzt er hinzu: –Schon gut, das Erbe anzunehmen, ist ein Privileg, darum muss es der Allgemeinheit steuern...

–Ah, was heißt das? Zoë böse. –Freiheit nutzt den Vielen nur als Privileg der Wenigen?

–Dann zeig mir, wie du Freiheit allgemeiner machst, ich helfe mit, sagt Hanold, –nur verbiete nicht den Wenigen ihr Privileg.

–Das Vorrecht, Privileg heißt Vorrecht, Vorrecht ist reaktionär! Sie herrscht ihn an.

Und er beharrt: –Das Vorrecht ist erworben – durch viel Sorgfalt mit dem Erbe. Überlieferung ist Arbeit, nicht?

Sie steigen aus, die hängenden Stationen im Verkehr, mit S-Bahn, U-Bahn, Straße, Tram, vereint zur Brücke, Warschauer, ein stetes Drüberhin, das Menschen zu der Richtung macht, in die sie eilen, sie zur Richtung kürzt, die niemals Ziele kennt, Vektoren, dahin, dorthin, luftig und abstrakt, ein Raum, wo Dinge, Menschen, die sonst Namen tragen, denotieren, was der Raum ist, Spuk, intentional, treppauf, treppab, da steigt eins aus, da steigt eins um, und jede Richtung, die hier eingeschlagen wird, soll außer Richtung auch noch Absicht sein? Und Zoë nimmt ihn bei der Hand, ein Kuss, geläufig, dann betreten sie die Treppe, steigen hoch. Sie zeigen eine Richtung an. Das freut sie.

Oben herrscht Getümmel. In der Höhe ruhen, schweben, nur vertäut an Stahlgeländern, die Getränkebuden, Trossstationen des Protests. Um sie ist Hinterland und Rückzugsraum im Kampf, hier liegt Gemeinschaftliches in der Luft, es schwitzt das Kollektiv, die Absicht kondensiert. Man handelt Schnaps, der den Protest belebt, Information, und tauscht sich aus, hoch über Gleisen, Überblick entsteht, der Schauplatz gliedert sich, und Mut kehrt wieder – so gewaffnet geht es runter, an den Fluss, ins Polizeispalier. Da fließt und stockt Verkehr, die Autos werden Schutzschild, alles klammert sich an sie, steigt ein, besetzt sie, Schafe des Odysseus, Taxis mit versteckten Demonstranten, hoch und runter auf der Brücke. An der Ampel lümmeln sich Trojanertaxis, Häuser werden Schlupfloch, Läden könnten Tunnel sein, hier ist Bewegung, Tanz, der kreative Rückraum einer Schlacht, wo drüben alles in die hohle Gasse lief.

Nur wären da noch Hanolds Redensarten. Zoë ernstlich unfroh, sie beklagt: –Du machst nur Wortbedeuten. Klingklang. Spielst herum, versteckst dich, tarnst mir deine Worte, willst mich täuschen und weißt selbst nicht mal worüber! Ironie ist kindisch. Klar, jetzt wirst du sagen, deine Weisheit sei beweglich, schön, los, sag es nur, dann komm ich dir mit Schuldigkeit. Verpflichtung. Hau dich mit der Keule.

Hanold spricht jetzt schnell und ohne viel Besinnen: –Was soll Weisheit schuldig sein? Und wem verpflichtet, wenn nicht Fehler, Lüge, Irrtum, die sie ja bekehren soll? Denn das ist ihr Milieu, die Gosse all des Wahns, der Wahrheit wahrmacht. Richtigkeit fällt nicht vom Himmel, wird im Kot gezeugt, mit Irrtum, Wirrnis tritt sie in ihr Dasein, wo es duster ist und stinkt. Du hast ganz recht: Ich will beweglich sein. Heut Nase hoch, die Welt mein Wille, meine Kür, und morgen Wahrmacher im Unrat, jepp. Ich weiß und lebe lieber unbestimmt, als mich im Ballsaal der Gewissheit schwarzzuärgern. Wenn ich schuldig und verpflichtet bin, so nicht dem Willen, stets verlässlich gut und wahr und schön zu denken, sondern nur dem Schicksal meines Denkens. Nein, da staunst du, Schicksal, so was hab ich, eins zwar, zufällig und dennoch meins, weil eben der Gedanke nicht gehätschelt wird, beargwöhnt durch den Willen, meinen Willen, durch den Trotz zu Einzigartigkeit und Wahrheit – darum meins und eins, ein Schicksal. Und Geliebte, dafür steh ich dir auch ein. Sonst nichts.

Und Pause, Hanold kratzt sein Kinn. Das macht ihn keck: –Zum Beispiel hab ich Gründe, dich zu lieben. Fein. Nun könnten diese Gründe dürr sei und zermürsen, was bedeutet das? Soll ich nun schwanken und bereuen? Nein, ich kann nicht anerkennen, dass sie dürr sind, nehme nicht zur Kenntnis, was zermürst, weil diese Gründe, dich zu lieben, lauter Wahrheit sind, historisch festgestellt, bezeugt vom Schicksal, das nicht widerruflich ist. Die Gründe haben mich veranlasst, meine Heimat aufzugeben. Dass ich hier bei dir bin, steht für ihre Richtigkeit. So einfach.

Zoë lacht nur. –Armer Teufel, ich dein Schicksal! Weißt du was? Wie ungerecht dein Schicksal ist, denn ich hab dich ja ausgewählt, geprüft und hin und her gewendet, ausprobiert in allen Lebenslagen… na ja, Liebeslagen. Habe dich botanisiert, beschrieben, ausgepresst und in mein Lebensbuch geklebt, mein Blümchen, bloß weil ich das wollte und entscheiden konnte mit diversen Hilfen und Kriterien.

–Ich predige den Sozialisten! Ich bekenne mich dem Zoë- und-Gradiva-Kollektiv! O je. Er seufzt und ringt die Hände. Zoë tröstet mitleidvoll.

–Bekenntnis macht mich durstig, sagt er, –durstiger als Glück und Trubel, ich will Schnaps aus meiner Heimat, wo man geistig, frei, geruhsam war, erlaub' es mir, Geliebte, Zoë. Trink mit mir: Auf die Provinz! Den Westen! Ländliche Gelehrsamkeit!

Er zwinkert, runzelt treulich seine Stirn. Kokett. Sie lässt sich nieder, ist erweicht. Und klappst ihn: –Ist schon gut, ich will ja auch was, nur, hör zu, nur nichts aus meiner Heimat, hörst du? Ich will Westschnaps, wofür hab ich dich am Ende!

Hanold ab. In kleinen Buden Warenfülle, Orient, die Ware fremdartig, Regale überladen. Hanold denkt: Oranienburger Straße! Wie die Buden dort, bemoster Fels, um den Touristenwogen schwappen, träge, ölig, stet. Hier kreuzen sich nur Richtungen, doch schon quillt Warenfülle, stapeln sich Produkte, Herkunft über Herkunft. Hanold steht davor, erinnert sich: Der Villenvorort, Kiosk gegenüber – Zigaretten und Likör für seine Mutter, dickes Eis zum Lohn, und hinter ihm der Garten, tief und schattig, voller Obst. Dort hatte das Lateinbuch ihn erwartet, hier tobt eine Schlacht. Interesse. Meinung. Zoë. Unter ihren Füßen rasselt Zugverkehr. Sie trinken auf der Brücke, vorne am Geländer, nahe der Arena. Stätte, Ort. Sie ragt aus dem Gelände, trotzt empor, zerklüftet starren ihre Lichter, Werbung für den Letzten Tag. –Man könnte auf die Gleise steigen, kommt es Hanold vor, –dann über diese Mauer – und voilá, gewonnen, Polizisten schütteln uns die Hand: Nur euch gebührt der Preis allein!

–Du spinnst wohl? Zoë heißt den Plan nicht gut.

– Kein bisschen Opfermut für's höchste Gute, wie?

–Du stichelst? Hast dich schon erholt von den Tiraden? Toll, dein Westlikör!

–Der freie Mann wird freier, wenn er sich bedenkt! Wenn es ihn jammert vor Ideen!

Hanold wirft sich in die Brust.

Das kann sie auch: –Die freie Frau wird freier, wenn sie sich das immer anhören muss!

Die Lage an der Kreuzung ist verworren. Übersicht entsteht, vergeht, man buchstabiert die Taktik ohne Alphabet, die Sprache dieses Kampfes ist ein Gurgeln. Polizeispaliere, Demonstrantenfronten, wortreich ist der Angriff, wütend stumm die Abwehr, ungleiche Scharmützel, die entstehen, die vergehen; Kampf, der öffentlich im Geist die Möglichkeit des physischen Krawalls durchspielt. Man ringt mit dem Gedanken: Kracht es noch? Ein friedliches Als ob es anders käme. Hier formiert sich eine Linie, dort wird eine Sperrung aufgelöst, weil hundert Meter weiter eine neue Front sich bildet. Straßen sind gesperrt, dann wieder frei, die Autos werden kontrolliert, nein umgeleitet, manchmal durchgelassen, weil nichts hilft. Es hilft nichts. Kundgebung wie Wolkenwetter – hier gruppiert sichs, da massiert sichs, an der U-Bahn, um die Brückenpfeiler. Vor dem Laden, wo es eben dräute, ist schon wieder alles frei, ein blankgeputzter Maiengehsteig mit vereinzeltem Schönwettervolk.

Zoë schaut sich um, es macht ihr Freude, wildes Wetter, Polizisten wie verhuschte Damen, Kudamm im April, die Regenschrime auf und zu und hoch und nieder, Tschuldigung, das war mein Auge, Hanold faselt, spinnt von Wetterkarten, Frontsystemen und Bermuda, fern klingt das an Zoës Ohr, ein Rauschen – oder Murmeln mehr, bestimmt erfrischend, Hanolds Tropenworte platzen ohne Referenz, sie spürt nur einen Hauch am Ohr, umgibt sich mit Bewegung, Treiben, Wirbel und genießt das Sehen, greift mit festen Blicken ins Getümmel, zieht es um die Schultern wie ein Tuch und hüllt sich ein. Wenn jetzt Gradiva ihm erschiene… Zoë denkt es mit Triumph, sieht Hanold spöttisch an, spürt Liebe, spürt Verlangen, lächelt über diesen Kauz. Sie wusste nie, dass es die Sorte wirklich gibt, erahnte es vielleicht, ein altes Hörensagen in der

Wiege, stilles Könnte-sein, Effluvium des Blutes, Morselied der Pulse: Könnte sein.

Da steht er vor ihr, warm und sterblich, unrasiert, er tanzt mit ihr – nur linksherum und dreimal nein – den Hausbesetzer-Reigen, ungeübt, doch gar nicht unbeholfen. Vor ihr steht er im Getümmel, Bilder und Verweise sprießen ihm im Hirn, ein Mann und sterblich, warm, sie greift nach seiner Hand, das ist ein Übergriff, das weiß sie, Übergriff auf sie, ihr deformiertes Über-Ich zwingt sie dazu, es heißt sie, Hanolds Hand zu nehmen, seinen Puls zu spüren, Übergriff auf sie, auf Zoë, die nach seiner Hand greift, was bedeutet: es greift über, ja, das weiß sie wohl, sie wird gezwungen, Wille zwingt sie, Kind des Sozialismus, das noch immer sich versucht fühlt, Pflichten und Gebote zu erkennen, objektiv gefolgert, kaltes Sollen wie das Aufstehn in der Frühe, um in winterdunkler Straße die gesellschaftliche Pflicht zur Schulbank hinzutragen. Zoë nimmt die Hand, sie selbst, nimmt Hanolds Hand, und hält sie, nein, das ist nicht richtig, weiß sie, ist Vermenschlichung des Bildes, das sie in ihm sieht, des Bildes, das sie ansieht, ihm, es steht ihm ins Gesicht geschrieben. Und Vermenschlichung greift über, man vermenschlicht immer nur, was klar bewusst ist an dem Bild, dem Ding, dem Wesen, dem Objekt, an Hanold; was nicht ohne Auswirkung auf alles bleibt, das unbewusst in Zoë umgeht; was sie sieht und nicht sieht an dem Bild, an Hanold, das nun aber härtet aus, wird ehern, wuchtig und erdrückend, Götterbild, fast Vaterbild, es klingelt, kullert als gestanztes Blechlein mit dem Bild des Allerwarteten ihr unbewusst im Busen rum, als Andenkmünze, Namenstäfelchen im Lehm des inneren Gefühls, das ist bedenklich und entsteht, wenn man die Oberfläche des bewussten Sinnes zuckert mit Vermenschlichung: Mit dir will ich mich paaren, Mann, denn du bist sterblich, warm. Sie nimmt ihn bei der Hand.

Exaltationen des Gefühls. Gewagt.

Gewagt, gewonnen. Zoë schafft sich ja Erleichterung, durch gänzlich ungebotene Gedanken, lockend, unverantwortbar: Der Kundgebung den Rücken kehren, ins Private sich verkriechen! Liebe machen, ich und du. Sie könnten einfach sich verdrücken, könnten abhaun, weg, mit harmlos-kritischen Gesichtern. Hanolds Wohnung ist nicht weit und noch dazu so herrlich tief verborgen, heimlich ist der Weg zu ihm. Ihr West-Geliebter haust im Osten, Rudolfkiez in Friedrichshain, wie aus der Welt geräumte Straßen, Kiez wie eine Höhle in der Stadt, perfekter Ort für ihren Kauz, sein Geisterwahn ist sicher da vor Überführung. Dort, sie müssten durch die Mauern schleichen, unter dem Geleise durch, und in die Spalte schlüpfen, Unterführung, die den Oberbaum hier quert, durchs Viadukt der U-Bahn, zack! Dann liefen sie durch ein paar Straßen – Narva-Werke, Altfabrik, hier wurden Glühbirnen gemacht, das Licht das ganzen Landes, einst hat sie, wenn sie im Ost-Berliner Hauptbahnhof ankam, den großen Würfel angestaunt, der wie ein Turm auf der Fabrik saß, leuchtend, und verkündete: Hier wird das Leuchten hergestellt… Der Würfel leuchtet immer noch, in anderen Farben aber, und verkündet auch nichts mehr als Werbung. Mist. Sie kann den Würfel sehen, oben aus dem Fensterchen von Hanolds Zimmer – also dort durchs alte Narva-Werk, dann in die stille Rudolfstraße bis zum Eckhaus mit der Kneipe, da im vierten Stock hat Hanold seine Wohnung, komisch doch, zum Schießen: Dieser Großbürger, geboren, um sein Erbe anzutreten, dieses steuerpflichtig geistige Vermächtnis, lebt verborgen hinterm alten, unlängst ausgekramten Lampenwerk des Sozialismus, wo jetzt Medienlümmel Anschein produzieren… sitzt dort zwischen Büchern, seinem Erbe, träumt von einem Bürgerglück, für das er nicht geschaffen ist, von Ehe und Familie, Vorstadtvilla, Friede, Schnaps und Bücherzimmer – je, als könnte er ertragen, auf die Sehnsucht zu verzichten, auf das Rätseln, was ihm fehlt; als könnte er's ertragen, wenn aus Wahn und Träumen Kinder werden, die, anstatt ihr Menschheitserbe anzutreten, nur am Hosenbein ihn ziehn, in seinem Bücherzimmerfrieden – Bürgerglück, für das sie selbst viel mehr geschaffen sein könnte, Zoë. Immerhin: Womöglich, fast befürchtet sie, dass es so ist; dass diese Trägheit in ihr ist, die sich nach Schürzen sehnt... nana! Nur ein Grund mehr, recht scheu zu bleiben gegen dieses Gaukelspiel, das Sesshaft-Werden seligpreist, so eine Teufelei, der Mensch sei frei, Nomade, mondsüchtig! Als Wolf soll er durch seine Städte traben, hungrig, lautlos, voller Blutgier.

Hanold, denkt sie, will nicht wahrhalten, dass er dem Bürgerglück ganz fremd ist. Bitte, soll er seinen Willen haben. Aber ich erst recht, denkt sie, wills auch nicht glauben, wills nicht, dass ich dazu doch geeignet wäre. Soll mal ruhig versuchen, mir den Widerwillen zu besprechen wie ne Warze, eingewachsen, diesen Unglauben: Ich glaube nicht! Viel Spaß und gute Worte!

Hanold schaut sie lächelnd an, herablassend, als habe er ihr zugehört beim Denken, ängstlich auch, ob er nichts missverstanden hat. Sie stehen, schauen auf die Schlacht. Die Polizei zieht sich zurück, rückt in die Mühlenstraße ein und sperrt. Sie sperrt den Ort. Arena, Stätte, abgesperrt. Die letzte Stellung wird verteidigt, grimmig, lässig, ohne Ambition. Die Taktik war doch gut und zeitgemäß: Den Raum beherrschen! Herr der Lage sein, die Lage zeugen wie der Herrgott das Getier. Mit kleinen, informierten Trupps zugleich zur Stelle überall, den Feldherrenhügel im Tornister. Nun, das provoziert, das macht den Leuten Einfall, das macht Laune. Feldherrenhügel überall, und überall nur Flausen! Herrschaft über eine Schranke ist dagegen doch recht komfortabel. Aber öde. Ohne Glanz. Verzweifelt. Fad.

Die Kreuzung lehrt sich, eine Kundgebung zerfließt. Die Polizisten langweiln sich. Und der Protest sitzt in der Kneipe, an der Theke wird gesungen, Linksherum und dreimal Nein! – so lacht man in Oranienstraße. Drüben. Hier verläuft es sich. In nächtliche Geschäftigkeit, die Einöde der Städte. Lichter geistern um, Geräusch des Waldes, Schatten in den Wiesen. Ödnis.

–Wenn du mich verlässt, sagt Zoë, flüstert, hakt sich ein, –dann gehe ich auf Demos. Pause.

–Denkst vielleicht, ich habe Sex mit Namenlosen, ja? O nein! Nicht nötig, Demos sind ja auch wie Sex, ein bisschen, hinterher zumindest. Vorteil: Wenn man wieder mal ne Lusche abbekommen hat, muss man nicht sagen: Hey, du Lusche! Keine Reue, kein Mensch traurig, kein Mensch böse und gemein.

Und setzt hinzu: –Ich will jetzt rauchen, du warst gut! Gib Feuer.

Hanold pfeift. –Moment, sagt er, –da muss ich überlegen, bin vom Land, da ist man langsam. Kannst solange grinsen. Ah, so ja, verstehe – sieh mal an, was?

Pause. Künstlich. Hanold lutscht sich Worte süß.

–Denn es verhält sich nämlich so: Du legst da unbedacht ein Zeugnis ab der überlegnen Sexualballistik des Ingeniums. Und versteht sich: Individualgenie! Ihr Kollektive rennt nur immer übern Haufen: Anstellwinkel! Wurfparabel! So Geschrei. Und unsereiner träumt vom Ziel, versenkt sich ganz, das Ziel wird mehr als mit sich selbst identisch, mehr, wird alles – Schuss und Treffer. Klar, schon sehr viel eleganter...

Zoë lacht, sie muss: –Du Arschgeige, begibst dich in Gefahr, ich merk mir das und zu gegebner Zeit – du wirst schon sehn.

–Igitt, bist du infam, du.

–Anstellwinkel! Warte, den kurier ich dir, dass dir der Piephahn tropft, kimmerischer Apoll!

Gemächlich schlendern sie nach Kreuzberg. Oberbaum. Nur schwach beleuchtet streckt die Brücke ihre Türme hoch, sie gibt sich träumerisch, bescheiden in der Nachbarschaft der blinkenden Arena. Friedlich ist das Bild. Der Trotz kommt mit dem Scheppern einer U-Bahn. Zwischen Brückentürmen hoch nimmt sie Passage, rasselt übers Viadukt und quert den Fluss mit Altersstarrsinn, Stubenlicht gilbt aus den Fensterreihen. Kreuzberg-Friedrichshain, Symbolik, hergebracht und blankgesessen, weithin sichtbar, Westen-Osten. Brücke, Vielsymbol und Selbstsymbol, das aus sich über sich Erkenntnis kreißt, klappt ihren Mantelkragen hoch, tut vornehm zwischen ihren Türmen, steif und fromm, begeifert von dem neuen Platzhirsch unter den Symbolen. Schwall um Schwall, in Zubern Licht kippt die Arena in die Spree, ihr Aufwaschwasser, Licht voll Stiefelschmutz, sie spuckt es grell zum Oberbaum hinaus, vulgär, ein Waschweib vor der Haustür. Kaum vernehmlich schnieft die Brücke, überlässt es einer U-Bahn, ihren Rang zu künden; überlässt, sich zu behaupten als Symbol, der Stellvertretung. List regiert die Zeichen. Über schwarzem Wasser funkelt die Arena, Licht behauptet grell Symbolik, reklamiert Bedeutung, indolent, pomadig: Anspruch stellt man halt; Symbolanspruch, nur missverstanden als Ersatz für das Bedeutete, das es erweisen könnte, weil Bedeutung niemals da ist und sich Wirklichkeit erstreitet. Zwienatur des Zeichens, das bedeutet und bedeutet wird, und sich nicht mischt: Kein Werbewille zeugt messianisch Zeichen, ausgewachsen, ausgewiesen, einzig falsche Prophetie. So grelles Licht und nichts als Werbung, grelles Licht, ersetzt selbst Werbung, Blendung über schwarzem Wasser, leise drängt es durch die Brücke und erträngt die Lichter der Arena, die sich kräuselnd in ihm spiegeln, tänzeln, weil sie sich für Lichter halten, schwarz, es schluckt das Grelle, zieht es in sich – mag es in der Schwärze grell sein – und strömt ab. Zur lichten Havel zieht die Spree, fließt langsam, schwarz und tief, und grell sind über ihr die Lichter.

Hanold, Zoë lümmeln auf der Brücke, ruhen sich auf Oberbaum, sie lehnen an der Brüstung, unter ihnen Wasser. Starren, nehmen wahr. Die Stätte, die Arena, die Reklametafel langt nach ihnen, krallt sich fest in ihr Gewahrsein, zieht sich ran, ihr Funkeln dringt durch alle Poren, Ritzen in die Köpfe, leckgeschlagne Hirne, Licht schießt ein, steigt höher, gleich erstickt der Funke, tief im Rumpf des Geistes, offenbart, der Funke, der genannt wird, um zu nennen.

–Halt die Augen in Bewegung, halt sie in Bewegung.

Hanold ist erschrocken, plötzlich wird er es gewahr, schaut unter sich ins Wasser. Leise grollt er: –Dieses Ding da, Zoë, dieser Bildschirm will nicht, dass wir rege Augen haben, er will Einfüllstutzen. Dreh an deinen Augenbällen, Zoë, das macht Differenz. Und schürt den Neid.

Sie rollt die Augen: –Danke, Mensch, die waren ja schon festgetrocknet. Scheiße! Zoë flucht, sie flucht empfindlich, denkt darüber nach: –Den Neid, sagst du? Den Neid des Unbedeutenden? Auf Wahrheit? Du?

Sie sagt: –Und nähmst du mich auch starrsinnig?

Er zögert. –Starrsinn ist ja nicht Charaktersache. Starrsinn ist erlittene Behinderung. Da muss ich wohl...

–Erziehungsziel der Medienfolter? Folter bis zum Starrsinn?

–Aufgerissne, festgestellte, trockne Augen...

–Hach, wie gruselig das Böse ist! War das schon früher so, mein Erbe?

–Na, es war – ich glaube – nicht so klinisch eklig, eher ungewaschen teuflisch, kotig, unrein. Leider sind die Quellen ungenau.

–Na bitte, deine Ahnen sind halt auch nur Schweine. Überliefern dir nichtmal die Unnatur des Bösen. Sollten wir zwei beide mal – betone: sollten – wir mal Kinder haben, bitte ich um lückenlose Protokolle. Auch die widerlichen Sachen.

–Kann ich nicht versprechen. Hanold wiegt sein Haupt.

–Ans Licht zu zerren, immer, alles, ist ne Unsitte! Für Anfänger.

–Obskurer Mensch! Du wirst dich ohnehin auf deine Halluzination beschränken müssen, wenn du Kinder willst, um dieses Erbe weiter zu vererben.

Zoë wartet, setzt hinzu: –Dies Erbe, das dem Kollektiv gehört.

–Und wenn du eher durch den Wahn, durch meine Vorstellung, geschwängert wirst als in ihm, währenddes ich rase?

–Schau doch hin, ruft Zoë, –da, sieh hin, das Funkelding! Bist du denn wirklich ganz so ohne jeglichen Begriff? Was lernt man denn von diesem Ding, das meine arme Stadt zur Welt gebracht hat, bringen musste?! Was?

Er sieht sie an, ist sehr gespannt und eingenommen, schweigt und denkt was anderes.

–Mal unbedacht gevögelt, schon gebiert man Monster!

Hanold lacht wohl ungenau. Sie weicht vor ihm zurück, rhetorisch rückwärts, zwei, drei Schritte nur mit spitzem Fuß.

– Am Ende willst du ungewaschene Missgeburten! Hanold, jückt dich was? Mich wohl.

–Pass auf, du hinkst schon!

–Jetzt? Ich dachte, das passiert dir, wenn ich nicht dabei bin!

–Leider, war nur ausgedacht. Das ist doch zu bedauerlich.

–Dass ich nicht weg bin? Kannst du haben.

–Nein, dass ich vorhin die Träume schon verbraucht hab. Zwar, es war ganz schön – Gradiva in Oranienstraße – aber… nun, wie soll ich sagen – der Erkenntniseintrag war doch dürftig, alles ungenau nur aus der Szene abgeleitet. Hätt ich noch die Stimmung von vorhin – nur mit dem Stoff jetzt grad…

–Gradiva humpelt auf der Brücke und blamiert die Götter Roms?

–Wir haben es doch vor uns. Die Arena.

Hanold nickt bloß mit der Nase in die Richtung: –Steht da, speit Verderben, Lichter, tote Zeichen in die Stadt, speit unbezeichnet Licht hin über Kreuzberg, alles Kreuzberg. Rings wird alles drin begraben, jede Funzel, alles, was erleuchtet, alles sinkt im Aschenregen der Reklametafel da. Wie Plinius stehen wir und sehen mit Entsetzen in den Untergang, den Lichterregen, tödlich, hier, wo mal ein Stadtbild zu betrachten war, nicht schön, doch groß und rege, als noch der Vulkan nicht ausgebrochen, Häuser, Speicher, Brücken, immerzu der Fluss, ein Stadtbild stirbt, Zusammenbruch, Vernichtung des Symbolischen – und mittendrin, in solcher Szene, könnte jetzt Gradiva schreiten, so schön schreiten, vorwärts im Zusammenbruch, ihn auf sich nehmen, wissend, dass sie ihn mir abnimmt, dass ich unbeschadet sie erkenne...

–Halt, mal Stopp jetzt. Zoë kommandiert: –Erst sag mir schnell: Erzählst du oder spinnst du schon? Kannst du sie jetzt grad sehen?

–Ach, der Übergang ist fließend. Fehlt nicht viel, ist nur ein kleiner Schritt... der vom Gedanken zur Vision... doch der vom Stumpfsinn zum Gedanken... der ist weit... Wer weiß, es kommt mir eben vor, du könntest auch mit rein... mit uns...

–Ménage à trois. Pikant. Ich bin dabei. Nur du wirst wieder kneifen!

–Wie gesagt, der Schritt ist weit, und du musst schreiten. Lass mal sehen!

–Leute, die ich sonst behandle, haben Ohnmacht, Zornausbruch und Fehlbeseelung, tanzen auf der Linie, das ist interessant genug, und immer muss man achten, nicht betulich und gelehrt als Seelenarzt zu enden, der sich weidet an dem Wahnsinn, sich verliebt in sein Subjekt und rapplig wird im Kopf, wenn Menschen rasen, vorzugsweise junge Kerle, schuldlos stramm. Und jetzt kommst du und siehst Vulkane an der Spree! Kannst du mir bitte sagen, wie ich mich da halten soll und nicht als Naschweib enden, das den Irrsinn feist goutiert, in ihren Säften schwimmt und gluckst?

–Na bitte! Hanold spuckt beglückt ins Wasser. –Schon ganz gut. Und eines Tages wirst du wahr sein.

–Nein, mein Freund, entschieden: Nein! Du wirst befreit zum materiellen Selbstsein!

–Schade. Hanolds Blicke schweifen über Wasser. –Ich hätt früher kommen sollen. Herziehn, mein ich. Früher hat man sicher nett hier sitzen können, da am Wasser, Schnaps mit beiden Händen... Aber so?

Er dreht sich zu ihr: –Hast du das gemacht? Als es noch möglich war?

–Verträumt am Wasser hocken? Schwelgen? Ich? Gradiva?

Er betrachtet sie. Dann lacht er, weist zur Anlegstelle, Treppe runter, an der Mauer krängen Enten: –Was ein Plätzchen, was ein Ort! Und da den Fußnerv kühlen, Schuhe aus und rein: Du böser Fußnerv! Stätte! Meinst du nicht?

–Niemals! Ich will Gesichter sehen, nicht Gespenster. Sprechen, nicht mir selber etwas funken.

–Hart, Geliebte, ist dein Hirn, so hart.

–Na komm, wird Nacht, wird Tag, und Hanold steht am Fenster…

Hanold steht am Fenster. Etwas fehlt.

Zwar, Leben fern von jedem Stadtrand, wie es ihm zuteil geworden, dieses Leben liegt ihm, Dasein bei verhangnem Himmel, gleichförmig, gedämpft und lässig, umgestülptes Leben, ganze Welt Café, vereinzelt Parks und Wasser, Kaufmannsläden der Natur – Sie wünschen? Licht und Regen, ach, und dann: Exzess des Täglichen vielleicht, im Freien draußen, Jahreszeit… dies Leben liegt ihm und gefällt ihm, ähnelt alten

Wünschen. Und von Glück zu sprechen, scheint ihm durchaus recht, obwohl Glück eine Folgerichtigkeit beschreibt, die er nicht anerkennt. Bewahrheitung des Traums zu feiern, hieße unbedarft der Gegenwart Gehabtes einzuschwärzen: Einst von Glück zu träumen, ist bereits genossnes Glück, und Hanold fühlt sich nicht berechtigt, eines Umstands Zufall, der ihm widerfährt, zum Schicksalszweck bloß freizusprechen, weil der Wahrheit eines Traumes ähnlich. Pfui. Kreditgeschäfte mit Naturnotwendigkeit, denkt Hanold, ehrlos raffen, spekulieren, all der Ramsch des Folgerechten, nicht mit mir!

Doch nicht von Glück zu sprechen, nur um Glück daran zu hindern, dass es sich mit Absicht schminkt, knallrosa unschuldig und krumm – wär unentschuldbar streng und gradezu geziert. Und undankbar. Er ist es Zoë schuldig, Glück zu sagen, unbeschwert wie jedermann. Nur ihretwegen ist er hergekommen, sie hat ihm die Stellung im Verborgenen verschafft – als Bibliothekar – wofür er freilich nicht erst Doktor hätte werden müssen. Immerhin erlaubt die Arbeit, während er in Buchregistern malt, mit solcher Konsequenz zu denken, dass er kaum noch in der Lage ist, die Worte zu erfinden, die als auffindbare Spur sich an die Wege der Empfindung lagern. Überhaupt: Tagtäglich schenkt ihm Zoë Augenblicke, abgeschlossen für sich ohne Anfang, und erregt ihm Neugier auf den nächsten Tag, die fast interesselos vollkommen rein ist.

Etwas fehlt.

Es fehlt die Not, die Vorstellung gebiert; es fehlt das Unglück, das die Phantasie erhitzt; es fehlt, dass etwas fehlte. Hanold fehlt der Anlass, sich durch Träume zu ergänzen. Seine Vorstellung, dass alles anders wird, bleibt richtungslos, solange er sich glücklich wähnen muss und nichts ihn drückt – nicht Einsamkeit, Entfremdung, Sorge – nichts, das nach Beschwörung ruft, den zweiten, anderen Entwurf verlangt, die Möglichkeit der Wirklichkeit zu prüfen, nicht ganz eins mit sich zu sein. Es fehlt an Dimension. Das Glück ist schön, versteht sich, aber eben nur tatsächlich.

Hanold wandert auf und ab am Fenster. Straße unten ausgestorben, selten Schritte auf dem Pflaster, lange Schatten, eilig strebt ein Paar das Schummerlicht der Kneipe an. Man sieht den Narva-Würfel leuchten, Linien, blau und grün, versetzt den Fernsehturm, das Hier und Dort der Stadt, Versprechen, melancholisch: Wenn schon hier nicht, andernorts vielleicht? Bedenke das. Dazwischen Wege, die wohl gangbar sind in beider Richtung. Nacht, geruchlos warm. Er trinkt genau, geruhsam, nippt mit Zeitmaß, nachdenklich, er trinkt bewusst, benennt sich Stimmungen und weitet sich, um wahrzuhaben, weidet sich am Eindruck, den die Sinne ihm erregen. Eindruck ist der Anfang, dann wird abgeschweift, wohin Gedanken tragen. Stille Straße unten... Andrerseits, bedenkt sich Hanold: Wunschlos Träumen ist willkommene Erweiterung, es legt mich nicht historisch fest, es legt mich nicht auf mich historisch fest.

–Tatsächlich! Plötzlich: So! Er sagt es laut, spricht Worte aus dem Fenster, hebt sein Glas: –Tatsächlich plötzlich so... ein Sosein, hinterrücks, das muss nicht sein. Er findet: Muss nicht, Obacht. Zukunft träumen heißt: Vergangenheit versteinern. Lege mich auf alles fest, was mit mir war, das ist der Preis, dass dieses oder jenes werden könnte oder soll, ganz einfach abgebucht vom Guthaben der Möglichkeit. Man malt sich aus, was werden könnte – was ganz nett zu denken wäre oder heiß ersehnt – und anerkennt die Vorgeschichte, die dahin geführt: Dass Solches kommt von Solchem! Bagatellen zeugen Bagatellen. Sosein wühlt und heckt im Bagatellen. Hanold denkt mit Abscheu, mit Empörung, denkt zurück an sich im Zorn, an Hanold früher, jungen Menschen ohne äußeres Erleben, der beklemmt auf Möglichkeiten sinnt. Sein Grundgefühl: Beklemmung. Es zerrinnt. Es muss geschehen – etwas; etwas nur, ein biographischer Zierrat, nicht wuchtig, groß, erhaben, etwas, das man sagen kann, bloß sagen: Solches ist mir widerfahren, also steh ich da – Geschichte, Sage, nicht nur innere Geschicke, Reifung, wie ein Käse, nicht nur geistiges Geschehen, schwellend und symphonisch, voll Verachtung für dies Bagatellenleben, Zubringen und Hinbringen des Daseins aller dieser Kreaturen ohne Innenseite: Hanolds Grundmotiv im barschen Zwölftonkleid, die Feindschaft, Menschenfeindschaft, Feindschaft gegen Lebensbagatellen, täglich Brot, garniert mit klebrig süßer Harmonie des Träumens, Sehnens, Hoffens… Rübensirup.

Hanolds Jugend, neue Töne, Sehnsucht, giftig-kahles Klanggefüge, durch das süßlich Harmonien schlingern, Seifenblasen. Nein, das fügt sich nicht, denn was im Traum noch Ironie ist und Empfindsamkeit, wird Hohn und Analyse im Erwachen, spaltet ihn und trennt ihn auf, obwohl derselbe ja dasselbe denkt im selben Augenblick, nur einmal selig, einmal finster, und den Unterschied nicht kennt.

Er spuckt fast aus dem Fenster: –Tätig! Leben! Lebenstätigkeit! Operatives Leben, ein gemessnes Hinbringen!

Vertan. Das frühe Leben, nur verspielte Zeit, und Hanold ist gewohnt, mit Schrecken sich zurückzudenken – um sich für die Zukunft mit Erlösung zu besteuern. Hanold, sehnsüchtig aus Trotz, nimmt Schulden auf das Glück, zum Zweck, durchlittnem Leiden Kleider anzuziehen, Zwecke, elegant und praktisch, Hanold zieht dem Püppchen Hanold hübsche Sache an, statt Rotz vom Mund zu wischen, Bengel, sieh dich vor! Erleb mal was! Bewusstsein, Wahrheit, Leben? Spiel mit Puppen! Porzellangesichtchen, Plastikarsch und Sperrholzwiege, irgendjemand gibt sich zum Erbarmen damit ab, und hätschelt, tätschelt, sabbert Vorstellung darüber, dass das Ding den Odem des Lebendigen empfange: Steh und geh! Sag, wie du heißt!

Das Ich. Igitt.

Igitt, er schüttelt sich, fährt hoch, es fällt ihm ein, er muss ja gehen, er ist spät, er muss hinaus, auf Wege, die begehbar sind. Auf Wege, die zu Zoë führen. Zoë kommt bald von der Arbeit, will ihn in der Kneipe treffen, Schlummertrunk. Melancholie der späten Stunde, zwei Glas Bier, die Blicke laufen hin und her, man spricht und langsam leert es sich. Vorm Fenster draußen nur noch Busse, Köpfe in den Fenstern, eingerahmt von Werbung, in die Werbung eingesperrt. Gesichter lang und länger, Unterwegs-Gesichter, nackt, man sieht es ihnen an, Gesichter unterwegs.

Vor Eile wird er nahezu operativ. Er läuft herum, verwirrt macht er sich ausgehfertig, war nicht drauf gefasst: Jetzt abzubrechen! Alles halb, nicht auf den Punkt gedacht, betrunken, aber nicht genug, und Zoë wird ihn nicht mal lallen hören. Dass sie so spät arbeitet! So lange! Dass sie nicht nervös wird! Hanold stürzt den Schnaps, den Rest im Glas herunter, schüttelt sich – da war noch mehr drin, als er dachte! Hanold, klar, er wird nervös, wird immerzu nervös, selbst wenn er geht, vom Aufbruch überrascht, den er nicht kommen sah. Er wird nervös, wenn er den Platz am Fenster, in Gedanken auch nur, aufgibt, eintauscht gegen einen Platz an ihrer Seite, Zoë, einer immerhin doch schönen Frau, und klug zumal, und einer, der den Tort er antut, sie mit Mutwillen zu narren, sie mit ihrem von ihm selbst entworfnen Ideal zu narren, schön antik, in Stein gehauen, die Gradiva im Relief, naiv gemeißelt durch den Schwärmer, schreiend angemalt vom Denker, Hanold setzt sie, die Gradiva, Zoë, einer intellektuellen Vorgeschichte aus, Gemeinheit, stolpert aus der Wohnung, immer noch operativ, treppab, ein Treffen mit dem Glück, Geschäftstermin mit der Geschichte, biographisch relevant: Ab elf Uhr Seligkeit an ihrer Seite, Hanold prüft, ob er Lektüre und Notizbuch bei sich hat, und ob der Tabak reicht, er wird erst morgen Mittag wieder da sein, hier, und wird erst morgen Mittag hier allein sein, an der Haustür zögert er, noch einen Schluck gleich in der Kneipe hier? So auf den Weg?

Er geht.

Erst draußen hat er den Gedanken wieder: Wie, wenn dieses sogenannte Glück, das er viel dankbarer genießen sollte – nein, denn dankbar ist er ja; dass etwas fehlt, besagt darüber nichts – wie, wenn er also durch amorphes Glück, das ihn operativ bestimmt und gegen die Tendenz im Existieren sichert, das Subjekt, das Ich mit Zweck und Ewigkeitsgestalt zu schmücken, blinkend imitiertem Tand; es zu behängen mit den Abstraktionen seiner Trippelschritte Richtung Zukunft, Ende und Was-bleibt… – wie also, wenn ihn seine Zukunft voller Liebesglück und, wenn er auf das Ende sieht, amorphem Nicht-Sein; wenn ihn dieses Dasein ohne Zweck nun variabel im Vergangnen machte, Varianten seiner selbst ermöglichte; wie wenn es seiner Vorstellung erlaubte, sich vom einen, absoluten Zeitstrang abzuwenden, Hanold mehrfach, vielfach zuzulassen, nicht den einen Hanold immerzu zu zwingen, mit sich eins zu sein, identisch; also anders aufzufassen, als die Zwecke heischen… – wie, wenn Zoë, dieses Dasein mit ihr, Hanold endlich tüchtig machte, zu genießen, was am Dasein zwecklos schön ist, zwecklos schön am Sein, wie man es eingesammelt, angesammelt, ob es umgangssprachlich faktisch wäre oder eben nicht, und eingebildet, phantasiert, erträumt; es zu betrachten als ein Kunstwerk und allein im Angesicht der Kunst empfundene Erkenntnis erst dem Zweckgedanken aufzuschließen: Für die Kunst, nur für die Kunst allein! Wie wäre das?

Das wäre keine Bagatelle jedenfalls. Vielleicht grundfalsch, doch das ist gleich, wer gibt auf Falschheit!

Hanold, der gewohnt war, sehnsüchtig zu sein, weil Sehnsucht Sinn ist, Hanold, ein amorphes Subjekt-Objekt seines

Kunstgenusses, der Symbolbetrachtung, Zeichenschau; der hellsieht aus Begabung, Hanold wandert, dunkle Straßen, Funzeln säumen seinen Weg. Er kann nicht hindern, dass er lächelt, kann nicht hindern, dass er rot wird. Scham begleitet glückliche Erkenntnis. Er beschleunigt seinen Schritt, damit die Röte doch auch Schleunigkeit bedeuten kann, das Lächeln – was auch sonst!

Er lächelt stärker. Eine Vorstellung verdichtet sich, wird Stimmung. Hanold fühlt bukolisch, schlendert jetzt, ist nicht mehr eilig, auch die Spree war ja nicht eilig, als er Oberbaum passierte, schlendert jetzt durch Straßen, warm und volkreich, eine Nacht, es sich bequem darin zu machen, dunkel, Kneipen blinzeln, Menschen, angeregt, voll Neugier auf den nächsten Atemzug, den neuen Club, auf ein Glas Wein – nur Nacht, um tiefer in die Nacht zu kommen. Schlesische und Skalitzer, die Schwärmer taumeln um die Imbissbuden, Schwärmer stößt die U-Bahn aus und saugt sie ein, treppauf, treppab, man kennt das, Pulse einer Stadt, so schön ist die Station, ein Denkmal, Hanold kommt es vor, man habe einen neuen Nutzen, eine andere Funktion erfunden für dies Denkmal einer Bahnstation, die neu zur Bahnstation geworden ist, ganz anders aber, anders. Hanold glaubt nicht, dass er den Gedanken Zoë sagen kann, doch schön ist er, ein schöner Nachtgedanke, sinnlos tief und dunkel.

Hanold auf belebten Straßen, denkt bukolisch, phantasiert, die Imbissbuden riecht er nicht, er riecht nur Wiesen vor der Sommermahd, voll Mohn und Hahnenfuß, sieht Auenland, die Sommernacht daheim, sieht seine Hirtenjugend in Arkadien, vor den Augen hat er kleine Seen, die Ufer voller Lagerfeuer, Schilf und Erlen, Landzunge mit Weidendickicht, auf dem Kiesweg führt er seine Hürde um die Seen, durch Wiesen, seine Hürde, die er hütet, von Ideen, Absicht, Traum. Der Hochbahn folgend, Perlenschnur der Kneipen, biegt er um die

Kurve, Hanold, denkt sich Hanold früher, kurvenreiche Stege durch die Seen hindurch, die Sicht vom Buschwerk eingeschränkt, er atmet Wiesenluft, riecht Feuer, Hasch, gemessen tritt das Unterholz zurück, und See und Wiese liegen wie ein Platz vor ihm, voll Menschen, voller Frauen, Menschen, die er kennen könnte, Frauen, die er lieben könnte; die er lieben wollte, wenn er sie nur kennte, unbedingt, denn kleine Mängel repariert der Wille. Das ist eigentlich, was fehlt.

Auf Freite gehn.

Oh, nicht, dass Hanold ein Eroberer… im Gegenteil. Erfolg, ganz materiell, gemessen an Umarmung, Seufzen, hitzig scharfgemachten Blicken hat er nie gehabt, nichtmal gesucht, betrieben oder nur gewünscht. Und dennoch – wenn er ausgeht – Hanold früher – umgeht, heimkehrt, wird er auch auf Freite wieder ausgewesen sein. Die Vorstellung erjagt noch jede Beute, niemand pirscht so heimlich, schießt und trifft. Das ist es, was ihm fehlt. Als er sich sommernachts durch Auen trieb, lag Möglichkeit wie Kiesel auf den Wegen. Steckte in den Büschen, lauerte an jeder Wegegabelung, versteckte sich im seichten Wasser. Hanold roch die Möglichkeit und schmeckte sie, der Augenblick war rein, amorph und ungestalt, weil nichts schon über ihn beschlossen war. Nun, zugegeben, viel Wahrscheinlichkeit war nicht von der Partie, die hielt er sich mit Scharfsinn, auch mit Schnaps vom Leib, Wahrscheinlichkeit erboste ihn, weil sie so dreist und fordernd war und sich erfrechte, ihm zu sagen: Geh und tu etwas, damit ich größer werde, höher, dick und rund und ausgemacht, Wahrscheinlichkeit, die fette Heilerin, die Sehnsucht durch Tatsächlichkeit kuriert – durch Fakten: Sex und Gier und geile Weiber, und der Preis ist lächerlich, sei bloß genügsam, finde dich mit dem Reellen ab. Wahrscheinlichkeit, das pralle Duftweib aus dem Orient, man zollt ihr Taten, Tatenblüten, dicke Sträuße; tut es, denn man kommt ihr nicht davon, je mehr man sich entzieht, steigt die Verzweiflung, Rattengift der Träume, Guillotine der Möglichkeit. Wahrscheinlichkeit, sie lässt den Nabel kreisen, widerwärtig, Fleisch, es wallt und wabert, unverschämt präsent, sie drängt sich auf, heischt absolut zu werden, Zahl, ganz da, hypnotisch mutet sie dem Geist, der sie betrachtet, zu, sie ganz zu machen, eins, Wahrscheinlichkeit gleich Eins, o meine Tatenblume!

Hanold sieht im Gehen eine Frau an, hübsch, die Stirn nicht ohne Einfall, ja, sie schaut zurück, sieht Hanold offen an, und er wird kalt: Ein Fingerschnippen, denkt er, Fingerschnippen reicht, wie kostbar aber ist ein Fingerschnippen, teuer, zahl ich nicht, ist Wucherei mit Konsequenzen. Hanold lächelt kalt, er geht. Und Obacht, denkt er, wohl zu unterscheiden hier: Ein Fingerschnippen scheint zuerst recht wohlfeil – ist so hübsch, das Mädchen, leidlich klar ihr Blick, ihr Geist mag seine Augenblicke haben, hinreichend grammatisch sein – das wäre mit dem Fingerschnippen unter Wert gehandelt, scheint es: Obacht, Möglichkeit macht Frauen schön, es macht sie kostbar, aber Fingerschnippen ist die Währung der Wahrscheinlichkeit, da geht die Rechnung anders, wird die Frau zum Datenblatt, darauf notiere Werte, die Bewunderung erheischen, werbend, Perfektion bedeuten sollen oder aber schonungslos die Mängel listen: Weiber zu herabgesetzten Preisen. Gut versteckter Konsequenzenwucher. Fingerschnippen – dafür? Nein, den Preis zu zahlen, wäre nicht viel klüger, als für Teufelsmacht die Seele zu vertauschen. Hanold, früher, bleibt der Möglichkeit erhalten. Bleibt gehemmt, verklemmt, auch so lässt sich das sagen, kürzt die Sache aber auch nur ab, verzerrt sie, Pfennigswahrheit, missgünstig, im dreckigen Margot der Tatenwucherer.

Er bleibt der Möglichkeit gewogen. Hanold, früher, bleibt der Möglichkeit getreu. Besingt sie. Frauenschön, du Zierde der Gesichter, Möglichkeit, das Menschenrecht auf Anmut,

Einzigartigkeit. Er schaut in die Gesichter, die an ihm vorüberziehn, sieht hin auf ein Gesicht vor ihm, als ob er es längst liebte, streift durch Wiesen voller Bajaderen, Blicke rasch und reich wie Grillenzirpen, Sinne von der Vorstellung begeistert, sucht in den Gesichtern, was sie zeichnet, Abweichung von der Idee, sucht Abschweifung von Schönheit, Anzeichen von schlaffer Absichtslosigkeit im Schöpfungswillen, sucht das Laster, Ungenügen ihres Malers, denn der Makel ist die Würde jeder Existenz, besonders ist, was nicht gemeint war, schön, was niemals Absicht sein konnte, Hanold, früher, sucht es zu erkennen, Möglichkeiten seiner Lust und Liebe suchen Auszeichnung, um sich daran zu halten, um sich anzuheften, festzuklammern. Hanold sieht in die Gesichter, sucht nach Runzel, Silberblick, dem Ungeschick der Zunge, Ungleichmaß der Züge, etwas, das er lieben kann, woran er einen Narren fressen kann, er will verehren, willkürlich und wüst, was nur durch geistigen Geschmack erlesen ist.

Er bleibt der Möglichkeit erhalten, Hanold, früher, was er findet, kann ja niemals eine Tat rechtfertigen, denn Tat vernichtet Möglichkeit. Zwar schafft sie neue Möglichkeit zugleich, doch unerfindlich. Immerhin, so ist es guter Rat, sich zu begnügen angesichts des nackten Angesichts: Dass er sie kennen könnte – diese da, genau, ja diese – dass er sie erkennen könnte und dann wüsste – wenn – wo Liebe festzumachen wäre. Manchmal, selten, wird die Vorstellung ihm gar zu dringend, überwältigt ihn, dann steht er angewurzelt, starrt in ein Gesicht – das scheint ihm lieb und lang vertraut – es muss ein Albtraum sein, dass er so angewurzelt steht und sich nicht regen kann und zu ihr gehn, die er da ansieht, wohlgefällig, weil in altem Einverständnis, sie nicht grüßen kann und ihr mit Zärtlichkeit und wie gewohnt die Lippen küssen, jetzt erwachen können, nur erwachen können, ist es denn nicht Kennzeichen der Träume, Ausweis allen Träumens geradezu, dies

Angewurzeltsein, Nichtfliehenkönnen, dies Verhängnis, mit dem bösen Blick belegt zu sein?

Mal halblang. Einer dieser bösen Träume hat ihm Zoë eingebracht. Es fällt ihm eben ein, da er die Skalitzer passiert, das Viadukt durchquert und vor zwei Autos sich durch Spurten rettet: Angesehen hat er sie, als er sie sah, zuerst, hat Zoë angesehn, als hätten sie im Sandkasten gespielt, und Zoë, eine Frau mit hunderten Bekanntschaften, mit ungezählten Freundschaften und namenlosen Machenschaften; sie, die jeden Schneider duzt, als nähte er im siebten Glied das Weißzeug der Familie – Zoë dachte: Das ist einer, den ich kennen muss! Wie heißt der noch? Entsprechend ihre ersten Worte: – Ach, entschuldige, wie heißt du noch? Gefolgt von einer Theorie, wo ins Register ihrer vielgefächerten Beziehungen er höchstwahrscheinlich hingehörte. Falsch natürlich. Zoë sucht noch immer nach der rechten Theorie, ist überzeugt, dass sie ihn kannte, Hanold, damals übers Jahr, als es begann. Dass sie ihn aber ansprach, weil sein Blick schon auf sie übergriff; weil sie sich täuschte über die Vertrautheit seines Blicks, die – wenn nicht Täuschung – dennoch Irrtum war, womöglich Krankheit; dass sie ihn, so angelockt, zuerst ansprach, zu Unrecht – das mag sie nicht hören, nimmts nicht hin, besteht auf einer früheren Bekanntschaft, einer höheren Bewidmung, irgendeinem materiellen Gegenwert für ihr Gefühl: Den kenn ich! Bloß das Dumme daran ist – und Hanold denkt: –Das Dumme daran ist – dass Zoë selbst an ihre Theorie nicht glaubt; bloß dass es eine Theorie gibt, eine wahre Theorie. Ob eine ihrer Theorien wahr ist, weiß sie nicht und gibt sich überaus pragmatisch: –So und so ist meine Theorie, es ist die beste, die ich hab, und falls mir eine bessre einfällt, sag ichs dir schon. Gegenwärtig ist sie überzeugt, es sei am Tag nach Mauerfall gewesen, Freitag und bedeckter Himmel, Westspaziergang, sie und ihre Sippe wolln mal bummeln, während Hanold und sein Vater mit dem

Flugzeug landen, um Geschichte zu besichtigen, ein Lehrspaziergang, immer an der Mauer lang: Mein Sohn, die Mauer. Hingestellt und umgerannt. Geschichte. Checkpoint Charlie bis zum Gropiusbau, dort wird die Ausstellung gewürdigt: Wenn man schon mal da ist – nicht mal Hanold weiß noch welche, Zoë droht schon mit Recherche – zur Belohnung dann Berliner Weiße, das weiß Hanold noch genau, Berliner Weiße an der Mauer, Grenzer auf dem Wachturm, die so taten, als wenn nichts geschehen wär, nichts hingestellt und umgerannt, Geschichte. Hanolds Vater, teils ereignistrunken, teils vom Bier erfrischt, entdeckt in sich den Kasper hinter der Gelehrtenstirn und droht, die Mauer zu bespringen! Zoë malt das Bild in allen Farben, malt sich aus, wie alles war, am Checkpoint Charlie sehn sie sich das erste Mal, und wissen nichts, bewusstlos ahnen sie in jede Richtung, sie noch Kind, recht albern aufgeregt mit Westeis vom Begrüßungsgeld, und er längst Bohemien mit Tabak und Kaffee, mit ernstem Blick auf das historische Ereignis, Zoë sieht ihn an, die Zunge langt ins Eis, die Wolljacke gefällt ihr, die er trägt, der hochgestellte Kragen, schweigend, aufmerksam und spöttisch hört er zu, sein Vater spricht mit ihrem, irgendeinem Ost-Mensch, freigelassen, komm, du taugst zum Bruderkuss, wie du da herkommst, und nun reden diese fremden Männer, innig brüderlich und fremd, die Brust geschwellt – oh Größe des Begebens! – reden, reden, Mauerbau und große Sünde, schrecklichen Gedenkens, Hanolds Vater, Pastor, predigt, umgetrieben hat die Mauer ihn, hat all die Jahre ihn geschmerzt, kein Weimar, Potsdam, Wittenberg, Theater und Museen, die Stätten, alles fort, von Freunden nicht zu reden, drüben, gleich da drüben, hinter dieser… diesem… Bauwerk! Unding! Nicht gedacht soll seiner sein, so reißt es nieder, gleich, und hebt kein Steinchen davon auf… So denkt es Zoë sich und lacht beim Denken immerfort, beim Malen, Nacherzählen, Möglichkeit erdenken – glaubt es aber nicht und glaubt nur, dass es möglich wäre und ist froh genug darüber, dass es eine Wahrheit gäbe, die man sagen könnte, zufällig – und da ist die Gradiva anders, Hanold denkt es mit Genuss, ganz anders! Die Gradiva malte nicht, sie sähe, dass es wahr ist, malte sich nichts aus, weil sie nicht Einzelheiten wissen könnte, keinesfalls das Falsche wissen wollte, sähe hin und senkte ihren Blick ins ungewusst bewusste Früher, bis das Bild vor Augen ihr verschwimmt.

Hanold, als er ins Lokal eintritt, hält inne, wünscht, im glanzvollsten Bewusstsein einzutreten der Alltäglichkeit, mit der er sie bewundert: Zoë – beiläufig, doch immer gegenwärtig. Also tritt er ein. Ist schäbig hier, ein ausgeräumter Laden. Hundert Jahre Fleisch und Würste sind genug, die Kleinbürger, die hier mit Anstand handelten, sind fort, ihr Bau wird jetzt von einer anderen Art genutzt, die keusch und unstet ist, nicht dauern will, nicht Spuren hinterlassen, huscht nur so durchs Dasein, stellt die Ohren auf nach jeder hingeworfenen Frage, knabbert Antwort, Geist wie Mäusetrapsen, übereilt und vierbeinig, mit Schuppenschwanz für die Balance, es huscht und huscht… Der Raum ist notdürftig möbliert, kein Tresen weit und breit, dafür ein alter Schrank, ein dickes Ungetüm, wie mans von dicken Ungetümen erbt, es dient dem Mädchen, das bedient, als Basis, Aufenthalt und Lager. Sitzt davor auf einer Kiste, liest ein Buch. Die Gäste – es sind drei – verteilen sich auf Couchen. Aschenbecher überall, verkrustet, Schummerlicht. Die Beine auf den Tisch, so sitzt man nett und sieht zum Fenster. Tausendfüße stemmt das Viadukt zu Boden, in die Straße, spannt sich, streckt sich, oben Züge, quietschen, gelbe, alte Züge, riesiges Modellspielzeug. Urbanes Sehnsuchtsbild, es wirkt so echt, als stiegen Menschen ein in diese gelben Eisenbahnen, Menschen aber sitzen nur in Sesseln in der Kneipe, Füße auf dem Tisch, und starren über fahle Kerzenflämmchen eingenommen durch die Fenster: Auf dies

Sinnbild in der Nacht. Es lullt sie ein. Sie werden gläubig. Offenbarung. Sie erfahren: Einmal gab es Menschen, ein titanisches Geschlecht, wohl unsre Väter, Ahnen fern, in Städten lebten sie zusammen, Bauten über Bauten! Zoë sitzt, sieht aus dem Fenster, hält sich still, als lauschte sie – auf einen Widerhall, die alte Zeit, urban und fromm, die Straßenschluchten voll Gedanken – nein, das täuscht, sie sinnt nur auf die Form, die sprachliche Gestalt, die ihre Überzeugung zeigen muss, sie hat den Rechner vor sich auf den Knien, erledigt ihre Post und schreibt ein Protokoll der Sitzung, die sie leitete, jetzt sieht sie Hanold, lächelt, lädt ihn zu sich, knappe Geste, beugt sich über ihre Tasten, Finger rappeln los, sie hat die Form gefunden, Form, die einzige, dem Zweck natürlich angemessen. Hanold baut sich vor der Theke auf, dem Schrank, er weiß nicht, wie er warten soll, in welcher Stellung, da der Tresen fehlt, sich draufzustützen mit Geduld, er räuspert sich, das Mädchen klappt ihr Buch zu, unverhohlen ärgerlich, er sieht schnell nach, was sie gelesen hat – ach, schade, dummes Zeug – und stammelt, was er trinken mag. Das Übliche! Sie gibt es ihm, er kehrt zurück, zu Zoë, setzt sich zu ihr, neben sie, und richtet sich hier ein, die Füße auf dem Tisch, ein Schnaps, ein schneller Kuss: –Bin noch nicht fertig, sagt sie, –gleich, sei mir nicht böse.

Böse sein? Gelegenheit hinauszuschaun. Halbleeres Fenster, kaum so leer, als dass sich nur die Szene, Hanold, Zoë, darin spiegelt, Fenster voller Nacht, Laternenlicht. Er meditiert die U-Bahn, Leute steigen aus, sie klettern auf die Straße und verlieren sich. Verlangsamtes Geschehen, fahl beleuchtet, umso mehr wirkt es bewusst, gemessen. Hanold denkt an seine Heimat, menschenleere Straße vor dem Haus, sie führt auf Felder, Wald, er sehnt sich, dennoch wird ihm heiß, vor Dankbarkeit, vor Freude. Zoës Finger auf den Tasten, schön. Sie fragt, was mit ihm sei: –Und bist im Reinen?

–Sag mal, kannst du schreiben, während ich schon rede?

–Klar, nur mit dem Antworten...

–Das reicht mir. Weißt du, Plato, denk ich, hat sichs leicht gemacht...

–Nicht wahr!

–Ich meine, was er Anamnesis nennt: Die Seele schaut, vor der Geburt, bevor man sie in einen Leib einsperrt und ihr die Sicht mit Sinnen nimmt – sie schaut, wie sie mit sich so U-Bahn fährt, Ideen, alle, klar und rein, und wenn sie dann im Körper einsitzt, später, langsam lernt, wie man die Sinne mit ein bisschen Abstraktion regiert, und also dies einsieht und das erkennt und jenes deutet – deutet und erkennt sie nicht und sieht nix ein, das ist nur Klingklang, schöne Worte, die nicht weisen, Redensarten – eine Seele, die erkennt, erinnert sich, mehr nicht, sagt Plato, das ist alles. Ja, so weit, so gut, so kurz gedacht. Ich glaube noch viel mehr! Ich glaube nämlich – warte, ich glaub weiter, wenn ich diesen Schnaps getrunken habe – so! Ich glaube nämlich, eine Seele schaut nicht bloß Ideen; die auch, kein Zweifel, aber nicht direkt, Ideen kullern nicht herum wie Murmeln, auch nicht in der U-Bahn oben. Soviel weiß auch Plato, darum sagt er – vorsichtshalber: Was wir anschaun, ist nicht Weisheit, sondern Schönheit. Fein, ganz recht, nur weiter geht er wieder nicht. Denn Schönheit wird mehr angefasst als angeschaut. Ideenschau ist leider oft nur Tittengrapschen. Vornehm ausgedrückt: Gestatten wir uns allzu häufig einen Fehlschluss, heimlich machen wir das Allgemeine dinglich, schmieden Abstraktion zu Möpsen. Denken, dass, was Namen trägt, ein Ding sein muss.

–Verdammt, dann darf ich nicht mehr sagen: Liebster, sauf doch nicht? Sie ringt die Hände.

Hanold prostet: –Trink nur, geistige Getränke, Baby, mach den Selbstversuch, ich passe auf.

Und weiter, Hanold konzentriert, er linst durchs Schnapsglas auf die Welt: –Denn Schönheit ist nicht in den Dingen,

Schönheit ist nur an den Dingen, um sie, ist mit ihnen. Was die Seele anschaut, ist die Möglichkeit; ist ihre Möglichkeit! Sie schaut und sieht die Möglichkeit, die sie einst haben wird; die sie erst hat, sobald sie aus der U-Bahn raus ist, sieht auf jede Möglichkeit und weiß, nur eine wird es werden; eine nur wird werden; sie wird werden, was nur eine dieser Möglichkeiten wollte, eine, die erlischt, die andern alle bleiben ihr erhalten, ewig, endlose Latenz des Ichs, und leiten diese eine Möglichkeit, auf die das Los fällt, in ihr Schicksal. Damit sieht und weiß die Seele: Wenn sie wirklich wird und in den Körper eingesperrt, wird sie begleitet, wird geleitet sein von allem, was noch sonst auch hätte werden können, wird mit schwesterlicher Zartheit hingeführt zur ständigen Vermählung mit dem Augenblick, dem dauernd sich erneuernden, sich immerzu verjüngenden Gemahl des Wirklichen. Die Seele schaut auf ihre Möglichkeit, ein Schwarm, der sie umgibt und immer dichter wird, mit jedem Augenblick, der wirklich wird, sie sieht die Möglichkeit, sieht ihre Möglichkeiten und erkennt sie, nein, benennt sie – das bist du, und das da du, und du dort, na? Denn das sind, glaube ich, Ideen, geheime Namen, zärtlich, ungesagt, die angeschauten Namen meiner Möglichkeit. Wie anders! Anders wäre die Idee Gesetz, die Vorstellung find ich, verzeih mir, hinterwäldlerisch. Idee, ein Mechanismus, der im Inneren der Dinge knattert? Zahnradeingeweide! Nein, wie einfallslos, im weichen Leib so harte Knochen, anthropomorphistische Tristesse. Bah. Da scheiß ich drauf. Ich sage dir: Das, was man im Symbol erblickt, was ich erblicke, reduzierter Mensch der Wirklichkeit, ich abgebrochner Riese im Realen; das, was ich nur ahne im Symbol, ergänzt zum Ganzen: Sind Ideen, nicht Gesetze, Namen! Ungesagt, wir hören sie nicht mal, sie wurden nie gesprochen, werden folglich nicht erinnert, nur das eine bleibt, dass wir sie sahen, unterschieden, anerkannten: Du! Erinnert wird die Zärtlichkeit der Schau, des

Ansehns. Möglichkeit ist niemals namenlos, die Möglichkeit ist voller Namen, die wir kennen. Eine Seele, die erkennt, nennt eine Möglichkeit beim Namen; eine Seele, die erkennt, erinnert sich der Möglichkeit, der Fülle der Latenz, wird ganzer, wahrer, und Tatsächlichkeit versinkt im Traum, ist einerlei, und alles, was der Fall ist, Traum.

Hanold erschöpft. –Das war es? Fertig? Zoë mustert ihn: –Das nennt man wohl: Verwogene Bemerkung!

–Ach…

–Im Ernst. Die Stelle mit Latenz des Ichs hat mir gefallen. Klingt so schön nach Unbewusstem. Kuschelig.

–Nur sprach ich davon nicht.

–Ich weiß.

–Ich rede nicht von Quark. Ich sprach von Existenz!

–Ja, ja! Mein Hanold!

–Unbewusstes! Glaubst du denn an den Homunculus?

–Nur… Quark soll so gesund sein…

–Hockt in seiner Höhle dir im Hirn und stellt dir Rätsel, malt Symbole: Wer bin ich und wo? Wie heiß ich? Rumpelstilzchenterror…

–…währenddessen du dich, Allerliebster, mit dem Tag heut vom Amorphen zum Latenten hochgerappelt hast – als Leitbegriff der geistigen Verfassung. Das ist Fortschritt! Gib es zu: Ich bin schon gut für dich, nicht wahr? Was sonst als ich ist gut für so nen Höhenflug?

–Du bleibst beim Spuken, Zoë. Ich dagegen sprach – mit größter Präzision der Wortwahl – sprach von den geheimen Namen, sprach von Möglichkeit, als Dreh- und Angelpunkt der Welten, in Symbolen offenbart. Ich sprach sehr klar. Gemeiner Irrtum: Auf das Allgemeine schaut man nicht im Jenseits, nur aufs Einzelne, der Rest scheint durch, ist durchsichtig, wie hier im Diesseits Einzeldinge, hinter denen wir Ideen ahnen. Das sind: Namen. Himmel, was wolln die denn hier!?

Hanold bang erschrocken, vor der Kneipe Leute, die er kennen muss, sie winken, Zoës Freunde, die er mögen muss, was ihm schon sonst sehr schwerfällt, aber jetzt… – und was ihn ärgert, geradezu verletzt: Er hat vergessen, wie sie heißen! August, Grete nennt er sie, für sich. Muss Zoë fragen, wie sie heißen. Wird Gelächter geben, leider nicht zu unrecht.

–Zoë, sag, wie heißen die nochmal? Ich bitte dich! Ich fleh' dich an!

Und Zoë lacht nicht, küsst ihn aber wie Gelächter, flüstert die geheimen Namen ihrer Freunde – und setzt laut hinzu, Ermahnung bleibt ein weltliches Geschäft: –Und jetzt benimmst du dich und bist nicht allzu schroff. Hast du nicht selbst gesagt, die Theorie ist was Intimes? Ich zitiere: Es ist unerhört…

–Jaja, die Tür beim Scheißen aufzulassen…

Hanold schwört es hoch und teuer. August, Grete, ausgerechnet, jetzt beim Denken!

–Tür ist zu.

–Ach, danke, bist du sexy, wenn du artig bist!

Bemerkenswerte Menschen, August, Grete sind bemerkenswerte Menschen, Leitbildcharaktere, eingesperrt in Menschen, religiös verzeichnetes Ideal, von Männern ausgedacht, die dick und böse, reich und alt sein müssen, Kopfgeburten eines Ideologen. Genotyp erträumt sich seinen Phänotyp, Ergebnis: August, Grete. August, Grete muss man lieben. Jung, gesund mit fein gezeichneten Gesichtern, immer aufgeschlossen, lachen viel und lesen noch viel mehr, moralisch, akademisch, wohlhabend und tüchtig. August, Grete haben Zoë gern, sie haben Hanold gern, sind aufrichtig an beiden interessiert.

–Das ist es ja, sagt Hanold schnell, bevor sie kommen, –wenn die da sind, kann ich gar nicht anders, als wie sie zu sein. Die haben sowas Normatives, sind so reinigend. Ich wollt, ich könnte mich mal schlecht benehmen, eklig sein – ich kann es aber nicht! Was tun die hier?

–Ich hab sie angerufen.

Das trifft Hanold schwer.

–Wär ich ein Mistkerl, irgend so ein Schwein!

Es folgt ein allseits freudiges Begrüßen, Scherze wechseln, Bildung wird bemerklich, spät ist es, man weilt in Kreuzberg, unkonventionell und heiter. Glück ist eben doch nur eine Frage des Verstandes. Hanold wird sich nebensächlich, nebensächlich kann er besser sehn, ist sicherer vor Übertragung: Nicht, dass er sich noch verliebt, am Ende, in den netten Doktor Hanold, der soeben, höchst gewandt, zum Besten gibt, wie ein Pamphlet, sowas Politisches, das er jüngst las, ihm intellektuell zum Rummelplatz sich wandelte, mit Schießbude, mit Karussell und Geisterbahn. Es ging um Glaube, Ethik, irgendwas, da hat man seine ausgeformte Meinung, dezidiert und nicht identisch mit dem Zeitungskommentar, die führt man nun herum, zur Schießbude, zu Karussell und Geisterbahn, lässt seine Meinung auf dem Rummel tanzen, und am Ende gibt es Zuckerwatte… Nicht dass dieses Thema, das er anspricht, zwischen ihnen strittig wäre! Gleichwohl, August, Grete haben Tiefe, darin finden sie – bei aller Heiterkeit – auch Gegenstand zum Problematisieren, eine Frage, die gelöst sein muss, bevor noch Schnaps kommt: Was war eher – Ethik oder Religion?

Und Hanold, der sich nebensächlich, wird es dennoch blümerant, er sieht, wie Hanold stiller wird und endlich schweigt. Ein harmlos Thema, dachte er, das kann nicht schiefgehn, habe ich im Griff – und hat sich dennoch, wieder mal, zum Fenster raus parliert, es irgendwie geschafft, dass ein Geschwätz entsteht… so ein Geschwätz… zum Stillerwerden, Schweigen. Still.

Nein, ehe er sich allzu sehr vergrämt, wie einfallsreich die Einfalt wieder ist, denkt er an Sex, zur Sicherheit. Es liegt auch nahe: August, Grete tun verliebt, sie schmeicheln sich und tändeln, ständig, schon seit Jahren, und das Schnäbeln nimmt noch zu, nimmt zu, wann immer sie Gelegenheit erhalten, ihren Kopf zu nutzen, Sachen herzusagen, tief und sonderbar – schon schwillt die Liebe, tritt aus ihrem Bett der Zweisamkeit und überschwemmt die öffentlichen Triften, Nilhochwasser, fett und schlammig, Spender süßer Hochkultur. Da funkeln Augusts Augen, geistreich, Grete schmilzt, dann runzelt Grete delikat die Stirn, und August pocht das Herze, da, schon haben sie sich wieder, küssen sich und werten sich mit Flammenblicken auf, sie strahlen um die Wette, nicken mit Bedeutung, lecken eilfertig die Lippen – Zoë rollt die Augen, das versöhnt; und dennoch: Selber schuld, mein Liebes! Hanold, um sich Nebensächlichkeit zu wahren, stellt sich vor, wie August mit der Grete… Grete auf den August… wie sich das bespringt, wies hüpft und knattert. Wunderbarer dreckiger Gedanke, und so abstoßend! Er denkt sich, wie der August Zoë… jetzt ist er empört! Ist redlich angewidert! August Zoë? Hanold sieht sie an mit hochgezognen Brauen, Zoë schüttelt knapp den Kopf. Na gut. Nun denkt er sich, wie er mit Grete… nie, im Leben nicht! Verkehr, mit dieser kapitolschen Venus? Hanold ist zwar wacker, unerschrockner Streiter, ja, er hat Format als Liebhaber, doch Stein erweichen kann er nicht!

Und schließlich denkt er, um den Reigen durch zu haben, August, dieser Gott vom Belvedere, Apollo, August würde die Gradiva frein, erkennen und begeilen; würde seine gottgeschwellten Lenden lustbar unter ihr Gewand zu schwingen suchen – nein, beim Zeus, Gradiva würde Augen machen! Mit dem schlimmen Füßchen wippen… Die Gradiva wird es wissen wollen, August, traust du dir das zu? Nicht wahr, da strampelst du dich ab, legst einen Beischlaf hin – unsterblich! Setzt mit deinem Beispiel gültig Norm: So geht das und so macht man das und heißt es Sex! Und die Gradiva sieht dich an, Gesicht ist nackt, den Augen eingeschrieben: Fein und weiter? Eine meiner Varianten hatte Sex, potztausend, alle andern haben zugesehn, wie Augustchen unmenschlich rumgestrampelt, und was folgt? Bin ich ergänzt zum Ganzen? Du vielleicht? Du armer Tor, du Seppelchen, du hast mich angeseufzt und dich verspritzt, was willst du? Soll man dir die Wange tätscheln?

Also unterhält man sich. Man unterhält sich. August, Grete sind sich unanfechtbar hauptsächlich und halten sich sehr exemplarisch. Hanold träumt, es werkt ihm im Gesicht, nimmt Ausdruck an, geht vor sich. Zoë sucht zu lesen, wird nervös, sieht Hanold an, sie würde ihn gern sprechen hören, mahnt sich aber, nicht zu zürnen, dass er schweigt. Er sieht sie an jetzt, scheint etwas bemerkt zu haben. Niemand trinkt sonst außer ihm, er runzelt seine Stirn und nippt. Sie fühlt, ihr Blick ist suggestiv: Musst du denn immer schweigen in Gesellschaft? Prompt erweicht ihr Blick: Sei still, mein Hanold, recht so, hör nicht, was ich denke. Ansprüche sind Gift, du schweigst aus Unbedingtheitsgründen. Wenn man das nicht lieben kann… Sie will es, überhaupt: Der Anspruch fällt auf sie zurück, hältst du die Klappe, Zoë, statt zu schwätzen? Hanold wittert Über-Ich, er riecht es, August, Grete hängt es in den Kleidern – ein Geruch wie nasse Wolle, Hanold riecht es, macht sich still und lässt sein Unbewusstes aus dem Kerker, nimmt es von der Kette, hetzt es auf das Kollektiv, das sich im Busch verbirgt mit Schießgewehr und Notfallambulanz. Und dennoch – aber dennoch – August, Grete, alle beide, eigentlich hat sie sie gern; sie mag sie leiden, Zoë – nur, wenn Hanold mit von der Partie ist, nicht! Dann geht ihr die Vortrefflichkeit, das wohlgesetzte Reden auf die Nerven, August, Grete, Zoë sagt die Namen hochverächtlich, Hanolds Namen, still für sich. Und jetzt: Der Kreis von Liebe und Missbilligung verstärkt sich noch, wenn ihr bald aufgeht, dass sie Hanold braucht, um Hohles hohl zu finden, während sie, allein auf sich gestellt, sich sehr behaglich doch befindet, keine Hohlheit sondern Rundheit sieht, vollkommen wie ein Ei, und zum Ersticken dieses Ei anbetet. Plötzlich Luft, sie atmet wieder, zweifelt: Wie, wenn Hanold durchaus unrecht hat, das Runde ist tatsächlich rund, und hohl wirds erst in seiner Phantasie, dem blitzekreißenden Geruckel und Gemuckel, das im Fokus seines Denkens wohnt, in Hanolds Wahrnehmung. Mein Freund, denkt sie, ist so gewittriger Natur, zum Staunen, sicher, aber wärs nicht menschenfreundlich, ihn zu mildem Wetter zu kuriern? Sie schrickt zurück vor dem Gedanken, schilt sich Hexe, böse Frau. Längst kann sie selber nicht mehr sprechen, murkst nur rum am Hin und Her in ihrem Kopf. Wie ansteckend das ist.

Sie will nicht, aber sieht zu Hanold. Täuscht das, oder lässt er ein paar Gesten sehen? Leitet seine Rückkehr ein? Zu Reden? Zum Gespräch? Am Anfang ging es doch – na, zugegeben, dann gings los, Gewäsch, was früher da war, erst der Glaube oder doch die Pflicht: Gebete oder erst Gebote? Hanold räuspert sich, setzt dieses Lächeln auf. –Bevor wir sagen wollen, sagt er, –was zuerst war, Regel oder Grund, behelfen wir uns mit was anderm, noch viel schrecklicher – der alten Frage: Darf ich, soll ich eigentlich ein Bildnis lieben?

–Nee, du sollst dir doch kein Bildnis machen! August, Grete, alle beide, zwinkernd: Man versteht sich.

–Also lautet das Gebot. Wie aber, wenn die Regel früher war?

Da keinem hierauf etwas einfällt: –Wenn das Bildverbot vernünftig ist, sagt Hanold, wozu braucht es den Gebieter? Wohl als Fuchtel gegen Unvernunft, das wäre aber sekundär…

–Das ist ja doch die Frage!

–Nein, genau das ist die Frage nicht. Denn Gott ist immer ein Grund mehr, warum ich dies und das tun soll. Ihr armen Heiden, Sozialistenkinder, metaphysisch retardiert, das läuft nicht, wie bei der Partei. Die Frage lautet nicht: Kann ein Grund mehr uns schaden? Unsre Frage heißt: Wo ein Grund mehr ist – ist da überhaupt noch Grund? Stellt euch mal vor: Sei jemand, der euch wohlwill, hat euch Ramsch geschenkt, euch lieb bedacht mit Kram, so was vom Trödler, irgendwas Antikem nachgebildet, Venus und Apoll, was recht Kommunes, Züge exemplarisch, Körperchen gerad und rank – man möchte sie befingern schier, so schön ist das. Ihr sitzt vor den Figürchen, seht sie an, betastet sie mit euren Sinnen… habt ihr das? Ihr müsst es denken! Gut, jetzt spürt ihr das Verlangen, wollt die Dinger kosen, ja? Die Falten der Gewänder – wie das um die Körper fällt, die feinen Glieder, wie es wallt, die Arme sind so rund, die Füße spitz, höchst allegorisch und adrett, die Nasen griechisch, formidabel! Götter! Eros, sei mein Gast! Im Bild verehrt – im Bild begehrt. Nun – darf man das? Ist das vernünftig?

–Herrlich, nackte Perversion! Sie haucht es, Zoë, hingegeben mit geschlossnen Augen, –weiter, Hanold, mal mir deine Wahngebilde auf die Stirn! Es fühlt sich an wie Schaukeln, hoch und höher….

–Fein, was reizt euch aber so, die Bilder anzufassen, billige Figuren, schlampig-maschineller Guss, ein Schreibtischkitsch, wer schenkt dergleichen Müll! Warum den Müll befingern? Was befingert ihr? Figürchen – oder die Idee dahinter?

Zoë kreischt: –Igitt! Das wär ja Sodomie!

–Genau, wie wenn ein Hund euch leckt im Genital…

–Oh, Hanold, bitte! August, Grete sind empört.

–Und jetzt kommt Sokrates, der alte Schwärmer. Lasst euch sagen, eure Seelen sind gefiedert, oder waren es zumal, sind einst dem Gott gefolgt, dem einen oder andern, einer Göttin, bitte, gleichviel, immerhin gefiedert, Achterbahn, Ideenschau und rumms: Geburt. Jetzt lebt ihr, liebt ihr, ungefähr erinnert ihr, wie schön das war mir eurer Göttin, wie erhebend, lehrreich: Alle die Ideen, ach! Mein Gott, so schön, und statt der Göttin seht ihr die Geliebte an und wollt sie haben wie die Göttin einst und zieht ihr Puppengötterkleider an und zerrt und macht an ihr herum und bildet sie, nach ihrem Bilde.

–Sprechen wir nun noch von Ethik und Geboten?

–Konzertiert euch, Puppen, das ist Ernst! Wie ihr den Puppen nämlich mit Begehren naht, so ist es immer. Wann ihr nur ein Ding anseht, das mehr scheint, als es scheint, fängt euch der Speichel an zu laufen, ihr befingert dieses Ding mit ausgedachten Namen, zieht und zerrt daran herum, ernennt es zum Symbol, machts allgemein, dass es sich gleich sei, ähnlich der Idee, die ihr einst schautet. Das Verhängnis ist: Mit unseren dicken Fingern, unsrer Sexgier machen wir ein Ding nicht allgemeiner, wir zerstören nur die Eigenheit, verklumpen und verkleben alles, was besonders war. Der Alte, Sokrates, hat es geahnt, ein Abbild glänzt nicht, Abbilder sind matt, nur Hiesiges vom Dortigen. Ideen sind Ebenbild des Dortigen, das Abbild hiesig, glanzlos. Ruhe wahren, kommt noch schlimmer: Was wir mit dem Geist berühren, was wir fassen, wird zum Prügel, Klumpen, Stein in unsern Händen. Was wir als Ideen ahnten, denken wir zum Ding kaputt. Zu plump für Dortiges, zu geil für jeden Gott.

–Und darum soll ich mir kein Bildnis machen?

–Das ist ja die Medizin im Apfelsaft! Die musst du schlucken, Zoë, darum geht es! Alle übrigen Gebote sind nur Naschwerk, dass die Pille besser rutscht. Kein anderes Gebot sollst du mehr haben außer diesem. Oder wie der Dichter sagt: Denk nach, dir bietet sich nichts Festes…

–Also willst du keine Ethik, sondern Religion? Da rümpfen August, Grete ihre Nasen.

–Blödsinn, wer sagt sowas? Uferloses Denken will ich, Glauben an die Einsicht, die sich mir entzieht. Was geht mich dieser Quark an? Ethik, Religion! Es geht um Ethos, geistigen

Geschmack! Ideen sind der Glanz des Einzelnen. Wer dies Bekenntnis lehrt, soll lehren, aller Rest erhält Berufsverbot. Ein Pfarrer, der so lehrt, wiegt dreißig Philosophen auf! Von mir aus soll er Pfarrer sein. Ein Philosoph, der das Gebot lehrt, reißt den Pfarrern ihre Narrheit runter, seht sie dastehn: Nackte, fette Kerle. Nur ein Irrer, einer nur, der seinen Nervenarzt beschämt! Ein Stein, der die Figur ist der Figuren. Text, Gesetzestext – sechs Worte, die zehntausende entkräften…

August, Grete werden albern. Sie verstehen nicht, das löst. Sie lachen, hüsteln, weinen: –Wunderbar! Erstickt quillt ein Geständnis mit hervor, dass Hanolds Leidenschaft, ja dass Begeisterung an sich ein hoher Wert sei: –Zoë, nein, ein Mann, der sich erregen kann! Für seine Meinung streitet! Zoë, du musst glücklich sein…

–Gewiss, sehr feurig, sagt sie und erhebt sich. Zoë denkt jetzt, dass es doch sehr spät ist. Als sie das Lokal verlassen, sucht sie die bewährte Geste, hakt sich ein, nimmt seinen Arm. Zu ruppig, merkt sie selbst, was man nicht alles üben muss! Er zieht die Brauen, amüsiert, und sagt nichts. Zoë nickt. Sie grüßen.

Draußen still und städtisch, kaum Verkehr, und Dunkel hoch. Die Häuser drängen sich. Gestaute Wärme. Hanold, Zoë, Hand in Hand. Sie treten in ein Haus, durchqueren es, passieren noch den Hof – im Hinterhaus, ganz oben, wohnt sie. Treppensteigen ohne Licht, durch jedes Fenster scheint der Hof.

–Die Seelen nämlich… Zoë schnauft, –gefiedert oder nicht… wenn die mal oben sind und schaun – wie kriegt man die denn wieder runter? Auf die Erde? Ich als Seele würd mich weigern.

–Ach, da hilft, was immer hilft: Vermassung, Elend, Abstieg. Denk doch, wie sichs drängelt oben, jeder will was sehn vom wahrhaft Seienden, man springt einander auf den Buckel, zaust sich, zerrt, da leidet das Gefieder.

–Wie, die prügeln sich ums Seelenkapital? Ja, gibts im Himmel keinen Sozialismus? Müssen wir da Ordnung machen?

–Fürchte, nein. Du wirst Betrachtung lernen müssen, ruhige Lebensart und Schau. Ich glaube nicht an Masse, nicht an Götter. Jede Seele ist mit sich allein, ob oben oder unten. Nein, die Möglichkeiten sinds, die ruinieren das Gefieder. Drängeln sich um dich und necken – wie im billigen Bordell: Hier, ich! Nein, ich! Wie wärs denn, Schatz? Und rupfen dir die Federn.

Zoë sperrt die Tür auf. –Also wenigstens gerecht gehts zu, die Seelen alle gleichgestellt. Bordell der Möglichkeiten, Frauen ausdrücklich erwünscht. Du, Hanold… Pause, Zoë denkt, geht denkend durch ihr Zimmer, Dielen knarzen, Denkprozess, und stopp: –Wenn Möglichkeiten Huren sind, muss ich mich solidarisieren! Alle retten! Bloß wie soll das gehn?

Sie flieht zum Fenster, schaut hinaus. Der zweite Hinterhof, ein kleiner Park, voll alter Bäume, schattig, tief. Die Fenster stehen offen, Zug, in einem hängt ein Kleid. Es weht, die Nachtluft spielt mit Falten, formlos, Hanold denkt sich Zoë, denkt Gestalt ins Kleid.

–Hörst du die Bäume rauschen, fragt sie, –klingt so stimmlich! Nach Gewisper! Das sind Möglichkeiten, unsere Möglichkeiten, haben sich im Baum versammelt, putzen sich und rascheln mit den Federn.

Hanold bleibt im Zimmer stehen, unentschlossen. Nein, sie spottet nicht – das weiß er – oder kaum. Das reicht nicht, Hanold von der Stelle zu bewegen, aus der Mitte wegzuholen. Hanold sieht das leere Kleid, es weht und spielt mit Zoës Form.

–Das Nachtlied unserer Möglichkeit – komm zu mir! Horch!

Er lässt die Mitte, findet Zoë, fasst sie, wird betört, umfasst sie. Hanold trunken, sein Gedanke treibt in Worten, weich wie Wasser. Worte, die Gedanken lallen, nass und schwer: –Ich bleib dabei, das wahrhaft Seiende… ihn schaudert, –ist das

Mögliche. Das Allgemeine ist gemein, was Wunder, dass mans gleich erkennt, es schreit ja jeden an: Gemeinheit! Und das Wirkliche ist hin! Kaputt, bloß weil es möglich am Besondern war. Er riecht an ihrem Nacken. Zoë dreht sich, legt ihm Arme um den Hals. Sie wartet, lächelt.

–Na?

–Ich denke nach, du düsterer Geliebter. Über dich.

–Ob es denn helfen würde, wenn ich meine Hände... hier auf deine Hinterteile...

–Weißt du, wenn ich sicher wüsste, dass du einfallsreich bist – nicht bloß irre; dass du viel Gepäck hast – statt nur niemals reisefertig...

–Letzteres. Bin sesshaft von Natur und Überzeugung. Kein Nomade, niemals, das macht ungepflegt und schwächt die Fassung. Und Computer machen dumm. Und Reisen auch. Nomadensitten. Buch zur Hand und Eiche in den Garten! Das erhebt den Menschen, hebt die Art.

–Nur Buch und Baum? Da fehlt doch was!

–Und Schnaps?

–Na ja?

–Das geb ich zu. Und Schnaps.

–Gefällt mir nämlich, was du sagst. Das Unbewusste, weißt du... kannst du hören, während ich mich auszieh?

Zoë turnt und streut die Sachen auf die Dielen.

–... All das Triebgedöns, ich hab mich immer schon gefragt: Was ist das eigentlich? Das sagt mir niemand. Kann ja nun kein Denken sein, kein richtiges... nur irgendwelche Hirngeschichten, gut, das heißt ja nichts. Was ist das also? Jetzt kommst du mit deiner Möglichkeit. Kommst an und flüsterst: Anamnese! Man erinnert sich an Möglichkeiten – wie es sonst noch enden könnte, wie sich sonst noch wenden. Denk mal an, da fällt es mir wie Schuppen von den Augen. Was ist unbewusster Trieb? Gedanke, den ich denken könnte. Tu ich aber nicht – niemals!

Ich könnte denken: Den da will ich haben, Kerl da! Denk es aber nicht, und plötzlich, eh ichs mich versehe, denkt sich was in mir: Jetzt werf ich mich dem an den Hals! – und schiebe los. Was ist ein Trieb? Kein Zauber, nur Latenz – und etwas, das ich wissen sollte. Was ist Über-Ich? Das Aschenputtel meines Ichs, siebt Möglichkeit, du kommst ins Töpfchen, du ins Kröpfchen…

Hanold räuspert sich: –Ich gebe Dir, Entkleidete, doch zu bedenken: Zwischen deinen Sätzen klafft ein Loch! Das muss man füllen, und schon brauchst du wieder unbewusstes Triebgedöns, man weiß nicht, was das ist, und immer weiter. Schließlich wirst du wieder alles steuern wollen, oh ich kenn dich.

–Was für Sätze? Was denn steuern? Will nur Männer steuern.

–Eins: Den Mann da will ich. Zwei: Ich spring ihn an. Das sagst du, und das klingt nach zweierlei, als ob zu prüfen wäre, welches wahr ist: Ob du springst, entscheidet Trieb – nein, doch du selbst! Halt eins von beiden, nur: Dieses Zweierlei ist einerlei. Nichts, gar nichts scheidet dich vom Trieb. Erst ist es Möglichkeit, dann schon passiert. Dazwischen gibt es nichts, kein Reifen der Entscheidung, Protokoll und förmlicher Entschluss. Geschehen wird nicht, es geschieht. Das Wunderbare ist der Augenblick – uralte Einsicht, älter als das Denken selbst.

Sie weicht vor ihm zurück: –Mir graut, ich kann dir leicht das Gegenteil beweisen – Hanold, sieh mich an und fass mich an und wiege mich in deinen Armen, schließe, weil ich fügsam bin, ich sei jetzt dein – und dennoch: Nein!

Sie trollt sich, lässt enttäuscht die Schultern hängen: –Dachte, wir sind einer Meinung, dachte – diese Forscherpinsel, die so immer hören lassen: Ist kein freier Wille – dachte, die verachtest du!

Sie schnieft und rollt sich in die Betten.

–Ja, weil diese Pinsel Großes nur im Kleinen suchen, Wille im Neuron, und finden nichts und motzen: Gibts ja gar nicht! Alle Wetter, Heldentum und Wissenschaft, man forscht jetzt atomar!

–Sind Redensarten, Hanold, kenn ich schon: Ich hab nur Einfluss auf die allgemeine, die Großwetterlage meines Denkens, darf nicht töricht jeden Dröppel, Regenschauer meiner Nerven, gleich gewollt zu haben wollen… Ach, blabla.

–Ja eben. Gott, die Frage: Sind wir frei, o Graus wenn nicht – beschäftigt uns schon viel zu lange. Sollten endlich vornehm werden. Mal ist es Naturgesetz, mal Gott, mal sind es tausend kleine Gründe, die mich gängeln. Alles bleibt kausale Hütchenspielerei. Das ist vulgär. Ich bin dafür, die Profanie der Einzelgründe nur als Kunst sich anzuschauen, als naive Malerei der Determination, Naturalismus, satt, in Wasserfarbe oder Öl, hier große Kunst, dort eher Handwerk – je, wie alle Kunst bewundert mans, verachtet, geht vorbei, bleibt kalt und stur, so je nachdem. Das ist das rechte Fundament für den Sakralbau Wille. Will zu dir ins Bett, ist das erlaubt? Die Kunst ergänzt nur, was uns fehlt. Und was dem Willen fehlt, ist Freude am Geschehen.

–Gut, darfst zu mir, ohne Kleider, stumm – ich hab das letzte Wort! Ich glaub, dass Gutes tun ein Trieb ist – einer unter vielen. Wenn er unbewusst ist, geht er unter. Schön zu handeln, muss ich wollen. Wenn nun Wille nur im Ganzen will und, wenns drauf ankommt, kneift und unbeteiligt oder schöntut mit dem Zwang – dann ist es aus mit der Moral. Ich will das Kleinste wollen, jeden Pippifax! Damit das klar ist.

–Klar. Nur: Vorher oder hinterher?

–Ach Hanold!

–Übrigens: Zu wollen wollen ist ja einfach. Erstes Wollen geht aufs Ganze, erst das zweite ist entscheidend, und gewollt noch lange nicht gekonnt.

–Fürs Können hast du ja Gradiva, mag Gradiva über ihren Gründen schweben. Ich solange tue, was ich tun muss, und denk vorher drüber nach, warum und was.

–Warum? Weil Gutes schön ist. Übe den Geschmack…

–Weil Gutes dienlich ist, und Dienlichkeit mir schmeichelt. Jetzt geh schlafen, Licht aus, Ruhe. Oder muss ich dir noch Schönes tun?

Am Morgen ist es schön. Das Auge noch geschlossen, sieht er doch: Der Zauber ist zu groß, um Kopfschmerz zu gestatten. Morgenstille, Sonne steht im Raum, im Hof der Ahorn schlenkert seine Zweige. Blätter lecken Morgenlicht, und grüne Tupfen, zahllos, schwanken, wischen durch das Bild.

In Zoës Zimmer, dritter Stock und Licht von Morgen wie von Abend, Fenster hier wie dort, so einen Ort wie dieses Hinterhaus hat Hanold nie gesehen, so veränderlich im Lichteinfall wie eine Ruhebank im Wald. Absurd, die Hütte eines Bettelmönchs, versteckt im Stadtgebrüll und Dreck der Höfe.

Hanold, Auge noch geschlossen, sattelt seinen Kopfschmerz, schnallt die Sporen fest und blinzelt. Schwingt sich auf, denn Kopfschmerz will geritten sein, man schaukelt traulich fest im Sattel, ringsum Morgen, weit und still.

Sie schläft noch. Zoë schläft. Die Nacht war unruhig, Träume, Qual, und wären nicht die Körper schwer, sie hätten sich umkreist im Schlaf. Jetzt geht ihr Atem ruhig, erholsam leichter Morgenschlaf. Er schlägt die Augen auf – denn Kopfschmerz will gelitten sein, dann wird er dienstbar, Trinkerlohn, man muss ihn nur zu haben wissen: Morgensonne, still, bloß Kräuseln streicht durchs Laub, die Höfe noch verschattet. Hanold schläft hier oft, und manchmal beim Erwachen weiß er kaum, in wessen Bett er liegt, in seinem oder ihrem. Das ist anders heut. Er stützt sich auf, betrachtet alles – dort ihr Schrank, sehr wuchtig, unverrückbar; da der Schreibtisch, überladen; Couch, Regale, Bücher. Möbel, die bewohnt sind, jeden Tag bestrichen werden, angehaucht vom Atem lebender Bewidmung – Möbel, die zu eigen sind, die einem Menschen eignen, dieser Frau da neben ihm, die Zoë heißt, mit einem Herzen in der Brust, das schlägt, solange wie es schlägt. Die Dielen knarzen, Hanold geht durchs Zimmer, kleidet sich. Der Kopfschmerz bettelt Wasser, kaltes Wasser Schwall um Schwall, das Denken Kaffee. Hanold eilig, wäscht sich mitleidlos, nimmt stillen Abschied, Zoë knurrt behaglich. Kaffee, Zigarette, kurz und schwarz, es drängt ihn auf die Straße, raus ins Licht zu treten. Vor der Haustür bleibt er stehen, sieht. Oranienstraße. Früher Morgen. Niemand kennt Oranienstraße, der nicht morgens hier allein war, nie allein mit ihr, Oranienstraße. Kaum Verkehr, Passanten fort, die Rollläden noch dicht. Sie zeigen ihre Nachtbemalung, Kunst, die sich entzieht, Graffiti-Galerie, frühmorgens aufgerollt, wenn Gaffer kommen. Hanold, vor der Haustür, atmet Licht, der Kopfschmerz hämmert, angegriffen, frische Luft. Gleich ist es aus mit Schmerz, noch bäumt er sich bei jedem wachen Ton. Ein Postbote erscheint, springt ab, sein Fahrradständer knirscht und hakt sich ein, hakt krachend ein, am Gürtel klirrt der Schlüsselbund, zwölf Dutzend Schlüssel stoßen sich, bedrängen sich bei leisester Bewegung, klimpern, und ihr Klimpern, einzeln je für sich, vergeht im Allgemeingeräusch des Bundes. Klimpern. Ein Geräuschemann, das wusste Hanold nicht: Der Postmann macht Geräusch. Er packt die Taschen um, das tut er mit Geräusch. Er wirft die Türen auf und zu, er gibt sich Mühe, dass es kracht. Er stellt sein Fahrrad ab und macht es wieder flott, und seine Handhabung ist laut: Es kreischt und kracht. Der Daseinsgrund des Mannes ist Geräuscherzeugung, Post bringt er nur in der Folge. Hanold sieht ihm nach: Man darf sich hier nicht täuschen – Krach ist nicht die Folge – einer Wut, die Briefe hasst; der Krach ist Grund!

Er nimmt den Bus zum Checkpoint Charlie. Skylla und Charybdis, Taz und Springer, lauern links und rechts der Straße. Wenn er durch ist, atmet Hanold auf, es riecht nach Mitte hier, er quert die Kreuzung, schräg hinüber, in der Mitte steht er kurz, bedroht und frei. Dann in die U-Bahn, Zinnowitzer Straße, dort ums Eck, durch Invalidenstraße, schon wirds wärmer, links die Hessische, die schneidet die Hannoversche. Zentralbibliothek: Hoch in den zweiten Stock, Abteilung Wissenschaftsgeschichte. Hanold im Büro, er wirft die Tür zu. Schäbig, aber eingesessen. Altes Haus, es wirkt so mitgenommen, abgekämpft und redlich altgeworden – Wissenschaft und Sozialismus… Morgens, wenn er eintrifft, zählt er mit den Treppenstufen: Wissenschaft – und Sozialismus – Wissenschaft… Nicht immer, oft vergisst er, wer gewinnt. Das alte Haus wird er vermissen, wenn das neue fertig ist, zur Zeit im Bau; das neue Haus, Architektur gewordner Übereifer, wo noch jeder Raum Symbolik schwitzt, wo alles gleich Gebärde ist, sich aufdrängt, plump. Was für ein stumpfgewordenes Geschlecht, das nicht erst Häuser baut, bequem zur Arbeit, und in Frieden wartet, dass das Haus Symbol wird dessen, was es barg, einstmal – stattdessen werden Zeichen über Zeichen in die Stadt gemalt, mit Mühe Mauern reinquetscht, ums Haar hat man an Fenster noch gedacht… der Rest ist Hoffnung, ängstlich, ob, die wohnen werden in dem Haus, sich würdig zeigen des Symbols! Verkehrte, impotente Welt, geschlechtsvergessen, reagenzversessen.

Schon dies alte Haus ist alles andre als ein stiller Ort und keine Klausnerei des Studiums. Nicht ein Mensch verliert im Lesesaal sich zwischen Büchern, bloß als Dorfplatz dient der Saal, Gesindeleute brausen. Nicht ein freier Kopf, so sehr auch Hanold zwischen den Regalen wandert. Jung und einfältig, beherrscht ist, was er findet, Dienstverstand, nach Weisung gierig, infantil und gängig zugerichtet mit Gesichtern wie aus

Aluminium, Stirnen mit Gravur, gebürstet und poliert: Ich gebe Anlass zu der schönsten Hoffnung! August, Grete, hundertfach, es saust und summt, das wird im neuen Haus noch schlimmer. Da verzichtet man gar auf Regale, häuft man keine Bücherberge, die die Koryphäe sich ersteigt, um ihrer Art gemäß zu hausen, hoch in Höhlen; baut den Dorfplatz gleich, mit Bänken im Geviert, Theatersaal der Kommunikation, statt Stille, Staub und Lesen.

Hanold geht durch Bücherreihen, lauscht, was so gesprochen wird, beschämt. Das brummt, das tobt, als führen Worte, Fliegenschwärme durch die Luft. Man muss, denkt er, die Bücher gut verhängen, werden ja von Fliegendreck beschmeißt. Geschwätz und Redensarten taumeln durch den Raum, bespringen jeden Sonnenstrahl, verklumpen sich und kopulieren, reißen aus zu Extratouren, schießen wieder in den Haufen. Jeder Mensch, der hier noch lesen will, wird angegangen, wird nach Fliegenart geplagt, Gewäsch verfolgt ihn, Munterkeit und Austausch, krabbeln im Gesicht, Gemeinschaft scheißt ihm auf die Finger, Strategie, Karriere weiden, saugen seine Arme. Ansicht wimmelt, Ungeziefer, Haltungen als Fliegenplage. Studium, stille, harte Körperarbeit auf dem Feld, die Züge kantig macht und Stirnen rein, verführt ja nur zu Sturheit, Besserwisserei, das kann sich diese Zeit nicht leisten: Bringt den Leuten zählen bei und lasst sie reden, Fortschritt kommt von selbst. Das Auge wässrig, von Person flexibel, unbestimmt muss das Subjekt geraten, das heut Leistung trägt und Neuheit handelt.

Hanold auf und ab im Lesesaal, von Fliegen heimgesucht, vom Hass gepeinigt, stark wie morgens seine Liebe war, als er zum Abschied Zoë küsste; Zoë, die noch übertrifft, was er an ihr vortrefflich meint. Er schreitet die Regale ab und denkt und braust und trotzt der Wut. So nüchtern, einfallslos, steril ist dies Geschlecht, verbissen und verbohrt und völlig unfruchtbar. Laborgeschöpfe, maßgefertigt, minimale Ungenauigkeit, ein Rest von Menschengeist, doch innerhalb der Toleranz, das ist beherrschbar, regelt Baal, der Götze Kommunikation. Das bisschen freier Geist lässt sich doch lenken, kleidet man in Modetorheit, schickt es auf den Laufsteg, applaudiert und schmeichelt: Heißa schlanke Glieder, ganz apart! Und wie die Knöpfe blinken! Dieses Mäntelchen, das kleidet dich und dich allein! Gedankenmode, Kommunikation, für jedermann erschwinglich, schafft moderne Kreaturen, die nicht ruhen wie der alte Mensch am Grund des Selbst und vornehm geistig und moralisch tun, in ihrer Einzigkeit geeint, nein, nein, die Kreatur vervielfacht sich in sich. Was Ich war, wird zum reinen Über-Ich, zu einer Gruppe Namenloser, Numinoser, regellos zerstritten um die beste Eigenschaft, Tortur und Hexenkunst und blankgewetzte Messer, jedes Ich ein Ego-Shooter – intersubjektives kommunikatives Plural-Selbst, ironisch selbstverständlich, postmodern. Wen wunderts, wenn die Schießerei mit einem Sieger endet – namenloser Krüppel auf der Analyse-Couch. Die Diagnose heißt: Vergaffung ins Subjekt. Mit blutig starrem Blick, als Triebtäter stellt er dem Mädchen seiner Selbstheit nach: Du ganz bestimmte Kleine, unverschämt bestimmte Kleine, du da, Kleine, Ich, komm her, wie artig du du selbst bist, fast wie ein Geschöpf, na komm, du willst es auch…

–Ganz recht, knurrt Hanold, –seht euch an, Gezücht, das wird aus euch, ihr Fliegenschiss, so endet eure leichte Herrlichkeit: Verrannt in irgendwelchen normativen Schmu vom Sosein eurer selbst, harrt ihr in dunklen Winkeln, um euch selbst mit Sexualdelikten zu berennen. Scheiße, feingeschnittene Gesichter, Schnupfenseelchen, Zahnwehherzen, Dreck, wie sehn ich mich nach Süchtigen, nach aufgeschwemmter Trinkerschönheit, Seelenschanker, Herzensräude.

Hanold im Büro. Er bringt es hinter sich. Am Mittag ist er frei.

Er schlendert jetzt stadteinwärts – nein, er schlendert nicht, er zwingt sich! Torstraße bis Rosenthaler Platz, links Weinbergsweg, er setzt sich in den Park. Café muss warten, bis er ruhiger ist, den Kopf frei hat, gefesselte Gedanken, Muße, sich mal einem Inhalt zuzuwenden, einer Frage von Interesse, einem Gegenstand. Zwei Bücher hat er bei sich, wird sich was drin finden – später. Noch hängt es ihm nach, da sitzt er besser auf der Wiese, macht die Sache mit sich ab. Gleich neben ihm: Ein Vater mit zwei Kindern; noch ein Punk mit Hund. Das rettet den Kontrast. Prenzlauer Berg und Mitte, vollgestopft mit Genrebildern, akademisches Arkadien, ideal, naiv, nur kultivierte Menschen, hübsche Kinder, und die Szene angenehm urban, gesundes Obst in alten Häusern. Dasein voller Richtigkeit, verdienstlich anererbt, das braucht Kulisse: Frisch gestrichen, altern kann ein Haus im Sucher der Touristenkameras mit besserem Effekt. Von Sinnbehaftung zeugt ein Sepia-Foto, vornehm blass, viel besser im Symbol als echter alter Ausschlag, Häuserräude. Doch zum Glück ist immer einer da, der das Gemälde stört, dem Kitsch die eine Perspektive stiehlt, die eine Ansicht, die als Ansicht nichts mehr taugt, weil Kunst den Firnis schon zersetzt hat.

Zoë neigt zum Wutanfall in Mitte, spuckt auf die Idylle, inszeniert von Kapital, das seine weiche Seite zeigt, sein Kitschherz: Zoë flucht und lästert. Hanold kommt ganz gern hierher, der Kampf wird hier subtil und geistiger geführt: In Kreuzberg toben Schlachten, gilt es alles, immer. Hier in Mitte, insubordinierter Punk, steht ein Subjekt und rasselt mit dem Körperschmuck. Daneben brave Kinder, quengeln, schrein; ihr Vater, liebevoll und streng, tritt den Beweis an, dass sie Unrecht tun. Wie kränkend, dieser autonome Köter nebenan tut wohlerzogen! Hanold stellt sich vor, wie Zoë sagen würde: Dass die

Kinder hin sind, ein für allemal verpfuscht! Zwei kleine Köter, abgerichtet, sich ihr Leben lang nur mit Verstand um den Verstand zu bringen! Jede Abwehr Klügelei, das werden Leberwürste, Besserwisser, krank bis Unterkante Oberlippe. Auch Verdrängung will gelernt sein, denkt er, Hanold, denkts ein zweites Mal, wird heiter, denkt mit Zufall und ein wenig Bosheit, denkt wie Boule am Sonntag. Endlich wird er wieder.

Hanold, auf der Wiese, heiter mit ein wenig Bosheit, preist sich glücklich, dass er doch mal wütend war. Der Zorn hat ihn geschüttelt und gewürgt, das tut dem Kreislauf wohl. Ein Anlass ist gegeben, Zorn nimmts dankbar an, dagegen ist nichts einzuwenden. Dennoch ist er unruhig. In der Wut blieb zu viel Differenz, um sie allein dem Hass zu danken, Hass auf die Studenten, Pinsel, die man ohnehin nicht lieben kann. Der Zweifel ist berechtigt, dünkt es Hanold, ob der Wutanfall im Eifer des Ereignens nicht ein paar danebenstehende Gedanken gleich mitabgefertigt hat! Gedanken, die nicht drängten, sich latent zur Seite hielten, nicht Gedanken einmal, Zweifel, Unentschiedenes – entschieden Unentschiedenes! Noch unerledigt wie die bange Frage, wie es weitergeht mit Zoë. Ihm und Zoë. Niemals wird sie sich dem Ideal bequemen, das er sich erschaffen hat, verzuckert, ganz auf Dauer und ihr Gegenteil, das Ende, angelegt, ein Daseinsideal. Gleichviel – ob Zoë sich bequemt, ob nicht – es ist nun ohnehin wohl ausgeschlossen, dass ein Wunschbild wirklich wird, im Bauernsinne wirklich: Ja, es ist so! Wozu aber ist ein Wunschbild wirklich, wenn nicht zwecks Verwirklichung – es ist so: Leben im Verborgenen, mit zweifacher Bewidmung. Geistig Tätigsein und Weitergabe des Empfangenen, Vermachung an die Kommenden, zwei Seiten einer Münze – Wahrung eines alten, sehr sehr alten Funkens… Kurz, mit einem Wort: Das gängige Idyll, paar Bücher, Weib und Kinder, bürgerlich, gelehrt, egal, wer da die Zeche zahlt, pfui Teufel, Schleuderware, nein, ist das gemein, mit Zoë nicht zu machen, nicht mit ihr! Und nicht mit Hanold, der nicht weiß, woher er eine Villa nähme, da er sie schon nicht ererbt hat, offenbar.

Er schließt die Augen, liegt im Gras und lächelt, nein, er lacht, obwohl es albern ist, im Gras zu liegen und zu lachen, wirklich albern, zwischen Müll, umkreist von Dealern, die in ihm den Kunden suchen – immerhin, die Ausrede ist gut und billig: Schicksal, günstiges, macht albern, Schicksal, dessen Gunst sich darin aufweist, dass es niemals müde wird, die Tage vor sich her zu treiben, Lebenstage, ihre ganze Hürde, immer weiter. Unentschieden bleibt die Frage, bleibt nicht zu entscheiden, ob nicht Zoë dennoch taugt für Biedermeier außen, innen Sturm und Drang, ein Feuerbild mit Zuckerrand. Und jede Frage wird am Ende so verblieben sein – nicht zu entscheiden. Dann in Ewigkeit ist alles rasch beschlossen, das ist noch das Schönste am Unendlichen: Die Knoten lösen sich, und Rätsel, die das Ewige aufgibt, die Wiederkehr des Gleichen – ob er öfter noch hier liegen wird, in Ewigkeit, derselbe anders, Hanold, dieses denkend – dieses Rätsel ist die eine Frage, die in Gegenwart unlängst gelöst ist: Niemals! Über meine Leiche!

Hanold liegt im Gras, die Blicke eingezogen, hinter ihre Deckel: Nicht mehr denken, schaun! Die Vorstellung geht stromern, weit zurück bleibt ihr Subjekt, in Anmutung des Traums. Die Landschaft lieblich, reich gegliedert, kaum mal Klippen, gar nichts Schroffes, nur verstreut die Hügel des Latenten, das nichts heißt und nichts gebietet, das bloß deutet und erinnert: An das ewig Eine, das sich selbst bedeutet über sich hinaus, auf sich zurückverweist von anderswo, das Mögliche, das wahre Selbst, das erst im Falschen faktisch wird. Seitdem die Quengelkinder weg sind, erst mit Gründen zugerichtet, dann nach Hause abgeführt, zum Abendessen, schöner, als ein Maler je auf Leinwand schuf, ist es doch still ringsum.

Entrücktes Stadtgeräusch, gedämpft, diffus. Die Sonne wandert, es ist abzusehen, wann er mit dem Schatten ziehen muss, ihm nach, hinan… doch lieber ins Café, man muss es ja nicht übertreiben. Irgendwo schallt Martinshorn, zwei Wagen, dringend unterwegs. Links hinten irgendwo ist etwas vorgefallen – ein Verbrechen, Untat, Not. Schon ist es wieder in der Welt: Das Dringende. Es eilt, ihr Leute, eilt, es drängt so sehr! Kaum ein paar Tage ist es her, da in der Nacht war Hanold Zeuge eines beispielhaften Falls von Dringendem. Ein Auto brannte, Legiendamm, da braust die Feuerwehr heran, die Polizei ermittelt, ob ein Tatbestand… und ob! Das war politisch motiviert! Da waren wieder Zündelfrieder, Radikale, linke Teufel involviert!

Durch Kreuzberg schleicht ein Feuerteufel, zündet teure Autos an – das tut er, um zu hindern, dass sein Kreuzberg endlich von den Kreuzbergern erlöst sei; um zu hindern, dass nun hübsche Genrebilder Einzug halten, hier, auch hier zum guten Schluss – erlöst auch Kreuzberg, ein Arkadien, akademisch, ganz pastoses Viertel, lauter Neukreuzberger, schweben um die Ecken, streichen etwas Sepia glatt und pudern sich mit Sympathie für diese Hausbesetzer früher, die, Vernehmen nach, die Altbauhäuser vor dem Abriss schützten, danke, bis die Zeit kam, ihren Altbau Glücklichen zu überlassen, die verdienen, da zu wohnen, weil sie fähig sind, in mildem Lichtschein dazusein. Das zu verhindern, purer Trotz, sehr uneinsichtig, ziehen Feuerteufel durch die Nacht, und wo im Lampenschein ein Wagen glänzt von frecher Proportion, hebt prompt ein Flüstern an, es kichert aus den Mauerritzen: –Tand ist, Tand solcher Luxus in Menschenhand…

–Wann treffen wir zwei hier zusammen?

–Im Tiefschlaf, wenn mein Träumer nicht denkt!

–Ich bringe Feuer!

–Ich nehme das Recht!

–Das erträgt nur das Menschengeschlecht.

Kreuzberg – Erneut haben Unbekannte am Montag einen Brandanschlag auf ein Auto verübt: Am Legiendamm wurde ein Oberklassewagen durch einen Brandsatz völlig zerstört. Die Polizei geht von einer politisch motivierten Tat aus. Der Staatsschutz ermittelt. Seit Jahresbeginn gab es 30 solcher Anschläge.

–Ich komm' aus der Wahrheit.

–Und ich aus der Wahl.

–Hei, da hat er wieder die Qual!

–Ich bin im Traum.

–Und ich bin sein Wahn!

–Zünd' an!

–Zünd' an!

–Jetzt lodert die Wut!

–Und Schein nährt die Glut!

–Erwacht er?

–Er wacht!

–Tand, Tand ist Luxus in Menschenhand.

Hanold im Café, die Wut verraucht, mit überschlagnen Beinen. Hanold sieht sein Kaffeetässchen an, im Mund die Zigarette, kalt. Er zögert, Interesse brennt. Er zögert mit dem Streichholz. Zögert noch zu denken. Zögert – angesichts des Denkens, des Erlebens, Herrlichkeit, erlebt nicht Herrlichkeit, nur ihr Erlebnis, wie es eingeht in die Herrlichkeit. Er wäre jetzt geneigt zu preisen, etwas, nein, nicht etwas, keinen ersten Grund, notwendig, jemanden, den Schöpfer, wohlverstanden. Hanold nach dem Traum, erwacht. Er zögert. Denn ein Traum – mit so viel Einfall; und erzählt – mit solchem Vorwitz; eine Vorstellung – von solcher Art – hat einen Autor nötig, hat ihn sich verdient. Er selber, Hanold, ist es nicht, nicht Autor seines Traums, unmöglich, leider. Spott – ein Mensch kann sich nicht selbst mit solcher Anmut spotten. Ironie, auf sich gekehrt, ist hölzern, Krampf, und ihre Spitze Feigheit vor dem Tadel. Hanolds Traum dagegen, als er auf der Wiese lag, war boshaft, dennoch liebevoll, war Abgrund, aber fein – das ist ihm nicht von selbst gekommen, muss von außen eingegeben sein! Zumal er wach war, nicht geschlafen hat, und sollte er doch eingenickt sein, unbewusst, bedeutet das, dass Wachen, Schlafen nicht viel anders sind. Das weiß er längst, und übrigens, er war ja wach.

Er reißt am Streichholz, saugt die Glut in seinen Tabak. Raucht. Er atmet tief, hält inne, atmet tiefer und entlässt den Rauch, empfindet sein Entzücken, wendet sich ans Allgemeine, dankbar: Rauchen ist Entzücken… – nein, denkt Hanold, nein, wie schön, da liegt man arglos, stellt sich etwas vor, nichts Großes, sieht nur, was man sah – und sieht, was man doch nicht sah und nie sehen konnte; weil es viel zu gut ist, höhnisch, viel zu giftig, dass man als Subjekt in Frage käme… Zoë und Gradiva, und zugleich, vereint im Anschlag! Böse Geister, Mummenschanz, die Masken der Geliebten, schreiten vor zur Tat, verbrennen Autos, lästern über mich – verdient, es wurde Zeit, dass man gekonnt mal über Hanold herzieht. Dennoch, ihn geniert ihn das Bündnis. Zoë und Gradiva, einig und zugleich, ist Übertreibung. Sie gefährden sich; gefährden, dass sie kunsthaft sind, verzerren den Aspekt, der beider Dasein kunsthaft macht: Das lagert Deutung an, zerstört die Reinheit der Gegebenheit – und leugnet Hanolds Anspruch, nebenbei. Phantasma! Ein zur Illusion verkommner Traum, schön systematisch, fein ironisch; Traum, der sich in seiner Wahrheit nicht genießt. Längst kommen Hanold Zweifel: Wie, wenn Zoë in der Tat, das heißt: in Wahrheit, also wirklich zur Verschwörung zählt, die Autos brennt; wie wenn sie mitmacht beim Verein, mehr lockeres Gebinde als verschworner Bund; wie, wenn sie mit die Faust zum Schwur erhebt: Dem Geld soll unwohl sein in Kreuzberg! Oft hat ihre Rede so geklungen: Geld muss in Bewegung sein, so machen wir ihm Beine! Kreuzberg hält die Kohle jung, da rennt sie wie ein Füchschen! Zoë fletscht die Zähne, ballt die Faust, und Hanold staunt ergriffen. Zoë donnert jedes Credo, Hanold liebt das: Wie, wenn sie zu Konsequenzen neigt? Den Tand verbrennt! Ein Schlachtruf, wohlverstanden – doch an wen gerichtet? Hanold? Ihn? Das wäre in den Wald gerufen. Also redet man zu Gleichgesinnten, redet man, zur Tat gesinnt. Gelegenheit hat sie genug – so viele Abende mit Komitee, Versammlung, Purzelbaum. Obwohl er immer fragt: Wie war es denn – und was? Den Überblick besitzt er nicht, für Zoës Organisationsstruktur ist Hanolds Hirn zu wenig tabellarisch. Und wer weiß – wenn sie sich abends sehen, spät, auf ein, zwei Bier zur Nacht – woher im Einzelnen sie kommt? Von Subversion und Feuertanz? Zünd an? Nur Tand ist, Tand…

–Der Traum in Menschenhand, entfährt es Hanold ärgerlich. Er sagt es laut, erschrickt und fährt im Stillen fort: –Nur schauen muss man, schauen, bloß nicht deuten, bloß nicht fassen, greifen mit den Händen: Deutung, Deutung – das verführt zu Geisterseherei, man sieht es ja, zu Illuminarismus!

Hanold, im Café, vertieft sich in den Traum, in Phantasie, er schaut, wie sein Erleben neulich, als das Auto brannte, sich mit Traum vermischt, dem Kichern aus den Mauerritzen, Wahn und Wille – laufenlassen muss man die Idee, bescheiden als Gefährt sich bietend. Das allein ist an Idee begreiflich, dass sie einsichtsvolle Diener braucht, die demutsvoll zu ihrer Schickung willig, nicht vermessen, selbst Idee zu sein und herrlich alles bloß im Wissen zu regieren. Schillingbrücke, dort begann es. Hanold kann nicht Wasser sehen, ohne zu verweilen, Blick stromauf, er stand mit Zoë hier, sie sagte: –Meine Stadt! Und wies gen Osten. Hanold sah sie, er erkannte sie, war überwältigt, sah, wie ihre Existenz ihr rein gegeben war, und stand erschüttert, hingerissen. Von dem Augenblick an tat es not, aus Zoës Sichgegebenheit ihr allgemeines Sein herauszusetzen, und Gradiva trat in ihren Kreis: Dass Menschen existieren müssen, dasein, Menschen, die man liebt, ist nicht erträglich, ohne ihrer Ewigkeitsgestalt als Innengrund die Tür zur Freiheit aufzustoßen. Weiter: Baumhaus an der Mauer, ohne Mauer längst ein Baumhaus nah am Jenseits; links St. Thomas mit der Kuppel, Türme des Bethanien, an die Mauern schmiegt sich Kreuzdorf. Wagenburg des Andersseins, Zigeuner im Verstand. Es brennen Feuer um die Wagen, jemand trommelt, Stimmen. Hanold, am Bethaniendamm, bleibt stehen, lauscht. Das Reden um die Wagen ist erregt, ist laut, er riecht das Feuer, Überzeugung, man versteht kein Wort, doch das begreift er, dass hier nicht gestritten wird, nicht von Person: Du Pfeife! Pinsel! Nein, hier wird der Sache nach geschrien, der Wahrheit gilt die Ehre, Ansicht ringt um Anerkennung, Feuer prasselt, Welt bahnt sich den Weg in Hirngewinde. Wofür braucht der Mensch noch Feuerbringer? Er sieht Flammen und erkennt, was Menschen macht. Wir Lagerfeuerschöpfung, Prasseln, Worte, Glut und Geist, in Flammen sehen, Reden hörn, und plötzlich wird vernehmlich, was in Bäumen brauste, in der Erde knarrte, was im Ein-und-Allen haust – es mutet an und richtet sich zu wohnen ein und nimmt den Besen: Kehraus, Mutter aller Wissenschaften, Bußübung am Ersten Morgen, Feuerzauber, Katzenjammer, Reinemachen: Frau, die Höhle ist zu klamm, wirf doch den Besen fort, wir wollen jetzt ein Lasterchen bewohnen! Sie, verschwitz und ungrammatisch, kräht zur Antwort ohne Gnade: Was denn, Lasterchen! Das ist doch Sozialismus, Höhle ist schön bürgerlich, da hat man Platz zum Fegen…

Hanold, dort im Schatten des Bethanien, still am Rand von Kreuzdorf mit den Feuern – Hanold nimmt es wunder: Als die Mauer hier noch stand, war Kreuzdorf immerhin der vorderste, verwegen dargebotne Vorposten des Westens; der dem Osten sich hier präsentierte als die Negation des eigenen Systems: Kapitalismus endet und beginnt in Anarchie und aus der Welt gerutschtem Utopismus, Negation der Negation – infame Botschaft, Wagenburgkultur als Hochglanzwerbung des Systems, verblasen dialektisch. Ohne Mauer ist der Ort ein Unort, der sich selbst zum Andenken geworden, lehrhistorisches Gelände: Sei nur eingedenk der Anarchie! Gelände, tot wie Legoland: Die ersten/letzten Menschen, Feuerdiorama.

Hanold reißt sich los, geht weiter. Denkt verhalten. Es wird einsamer zur Nacht. St. Michael, die schönste Kirche von Berlin, zerstört noch schöner. Hinter der Fassade gähnt ein Garten, wo die lange Halle war, ans wiederaufgebaute Querschiff drängt ein neues Pfarrhaus sich wies blöde Kind zur Mutter. So versammelt und verrammelt Glaube sich im Kirchenrest, und draußen hebt der Blick sich frei zur Wahrheit auf, wo man einst knien musste, Garten mit Portal, Philosophie der Freude, neu entdeckt.

Am Engelbecken ist es ihm, als hörte er ein Schreiten – sieht noch nichts und niemanden – vielleicht am Wasser unten auf dem Kiesweg. Hanold sieht nicht nach, geht langsamer, lässt sich zurückfalln hinter seine Einbildung. Und recht vermutet, Hanold sieht Gestalt vom Wasser kommen, eine Maske und Erscheinung, welche die Allee in Richtung auf Oranienplatz passiert. Ein dunkler, weiter Mantel mit Kapuze, keine Eile, leichtes Hinken ist bemerklich, Storchengang. Der Weg führt unter eine Brücke, dort das Dunkel schluckt die Nachtgestalt. Er folgt ihr nicht, kehrt um, die Treppe auf den Leuschnerdamm, springt hoch, das weckt die Spannkraft, schärft den Mut. Mit breiten Schritten geht er weiter, quert die Brücke, Legiendamm. Der Fußweg, der die Brücke unterquerte, ist auf Straßenhöhe angestiegen, bleibt von Büschen eingefasst. Man weiß nicht: Raschelts im Gebüsch? Und schleicht da jemand?

Autos hinten am Oranienplatz, die stören hier die Stille nicht, vermindern aber ihr Empfinden. Fern bleibt das Geräusch, man hört nur: Es ist dort, nicht hier, und wär es gar nicht, blieb nur Rascheln im Gebüsch. –Ich bin im Traum. –Und ich sein Wahn. Die Schuhe klappern übers Kopfsteinpflaster. Tand. Nur Tand. Ein Doppeldeckerbus knurrt auf Oranienplatz. Erleuchtet, stolzer als ein Dampfer, zieht vorüber. Zwei Vermummte, Masken huschen aus dem Busch, sie halten auf ein Auto zu, Kapuzen, Mäntel, machen sich zu schaffen, bücken sich, sie geistern um den Wagen her, im Kreis, im Tanz, sie wirbeln, lautlose Gewalten. Hanold kommt heran, sieht hin, schaut angestrengt, jetzt steht er da, er wird gewahrt, bemerkt man ihn denn nicht? Die Zwei hantieren, springen, sicher bei der Sache, ganz als wären sie getarnt, jetzt lassen sie doch ab. Sie wenden sich, entkommen – laufen auf ihn zu! Sehn ihm ins Auge…

–Und erwacht er?

–Wacht!

Und sind schon fort. Und sind erkannt. Dann zünden sie den Brand.

–Von wegen Politik; Erkenntnis! Theorie! Beim Kaffee, Hanold hadert, ringt mit sich. Gradiva, Zoë, im Gedanken nur verschieden und im Traum vereint: Das nennt man Klarheit noch im Wahn. Gradiva ist nur Zoë – außer der Erfahrung, Zoë, wie sie wäre, wenn sie wäre wie gedacht. Und Zoë ist Gradiva – wie erfahren und dem Sinn gegeben, wie Gradiva wäre, wäre sie nicht ausgedacht. So soll es sein, so sind sie streng getrennt. Jetzt Obacht, und wie weiter? Hanold hat sie ineinander und zugleich gedacht – und rein gedacht und nicht erfahren, das geht auch noch an, Synthese, Wandel, fein. Gradiva, sofern Zoë, hinterlässt in ihr den Abdruck, wie sie sich gegeben ist, das ist die Spur, die Möglichkeit. Doch jetzt, nun kommt es: Zoë nämlich, insofern Gradiva, säumt ja auch nicht, ihren Abdruck dazulassen, ihre Spur, wie sie sich erst gegeben ist – doch außer der Erfahrung? Darf nicht sein! Wie sollte das auch angehn: Die Gradiva zu verstehn aus Zoë? Ihren Abdruck untersuchen, ihre Spur – ist Graben nach der Seele, die sich selbst gegeben ist, na schön. Doch Grabung einer Möglichkeit? Ist Unsinn, denn Gradiva kann niemals verschüttet sein, unmöglich kann man sie ergraben. Die Gradiva reicht den Spaten, reicht ihn Hanold: Grab sie, Zoë, grab! Der Spaten gräbt, gräbt tief und stößt auf – was? Das Innerste, betört singt sich das Selbst, singt zu sich selbst, entzogen sich gegeben, starrend existent, nicht einholbarer Name, Zoë, heillos allumfassend, so erstickend niemals endlich, undurchdringlich flüchtig, dass es einem schwindelt, Hanold, und im Wahn tritt Zoë näher, reicht ihm eine Hacke: Grab, jetzt grab Gradiva! Leuchtet ein, jawohl, ich grabe, Zoë, Liebste, grabe um dein Dasein, dass du die nur sein kannst, die du nicht bist, die du aus dir selbst bist, weil du nicht bist, grabe, Zoë, grabe ums Verrecken! Siehst du mich? Ich grabe, halt noch aus, und komm ich nicht, dann bin ich hin, gescheitert, weg und Tand ist alles Apriori, Tand.

So schaukelts ihm gelehrt im Kopf, er kann sich nicht mehr folgen, sinnumdämmert, und kein Schlaf, kein Schlaf, er lässt sich noch gewähren, ob er gleich nicht sieht, was er gedacht, er sieht nicht, was er denkt, die Gründe nicht, die er nicht einsieht, und die Folgen nicht, die er nicht absieht, sieht nur, dass er denkt, verworren, fern. Die Grenze selbst des Denkens ist noch sinnlich, greiflich, wie ein Schleier, wogend, eben sieht man noch hindurch, dahinter ist nichts, was nicht andernorts schon wäre, nur noch mehr vom selben, viel, zuviel und heillos wohlgeordnet. Denken aus dem Takt... Tragödie des Geistes im Walzertakt: Geboren, geblinzelt, verreckt, und nochmal... Das nennt man dann Tanz und sehr schön, und so anmutig, dreht sich noch schneller! Verzweifeltes Vieh.

Hanold sammelt sich, beschaut sich, wie er bei der Herde sitzt. Die Tische sind besetzt, es wird jetzt voller, überall klingt Lachen, überall scheint Sonne und herrscht Einssein bis ins Nichtsein. Alle Schatten kurz und schwer. Er prüft Gesichter, eines nach dem andern, alle: Nirgendwo ein Zeichen, keine Stirn zerfurcht, Gesichter unbeschadet. Niemand sonst hat sie gesehn, Gradiva, niemand sonst hat Zoë zugesehn, wie sie den Brandsatz warf, und niemand sonst bezeugt, dass sie zusammen waren, die sich sonst enteilen.

Hanold fasst sich, trinkt ein Bier, fast alle trinken jetzt ein Bier, die Stunden werden festlich. Hanold liebt es nicht, schon tags zu trinken, nur sein Durst ist groß, so groß, als wäre er durch Wüsten hergekommen, also trinkt er. Prüft Gesichter. Niemand sieht so aus, als litte er viel Qualen durch ein Selbst, das sich enteilt. Nun kann das täuschen – Stunde der Kritik, des Witzes… Er kuriert sich, macht sich einen Vorwurf, das tut gut, er hält sich vor: Dass niemand hier ist, den er kennt, so viele Menschen – unbekannt. Das ist sein Fehler – sagt auch Zoë – dass er keine Lust hat, jemanden zu kennen. Sinnreich und betrachtsam rennt er durch die Welt, es mangelt an Beziehung! Hanold prüft den Vorwurf, prüft Gesichter, flucht: –Das sind Gespenster, nicht Gesichter! Keins davon muss ich erst kennen, um den Geist dahinter wahrzuhaben! Leute kennen, schön, da hat man Kenntnis. Aber auch Bereicherung? Wohl niemals.

Hanold schüttelt sich, den Kopf, verlangt noch Bier, man macht sichs leicht: Ja, wirst du wohl! Nur hiergeblieben, gleich nochmal! Was ist ein Mensch, was ist er anders als Behauptung: Dass er ist! Schon wahr, und noch? Er selbst? Man redet ja vom Selbst als etwas, das den Menschen sich erst wahr macht, Irrsinn. Irrsinn, wenns bedeuten soll, dass zweierlei gleich eins ist, eins das Vieh mit seinem Odem, wodurch Vieh erst Vieh ist, erst zum Vieh bestimmt, als Vieh erklärt durch etwas, das im Innern stinkt. Das Selbst? Nur Inflation, gemeine Wertvernichtung in der Münze guten Geistes: Schelm, behauptest du, dass du du selbst bist? Ich behaupte. Und du bist? Ich bin. Dann sag das gleich! Die Wahrheit lautet: Schnee ist weiß. Wenn Schnee mal weiß ist, wozu, dass er weiß sei, noch dazubehaupten, eine Wahrheit mehr! Als wär er schwarz, wenn er bloß weiß wär ohne die Versicherung: dass dieses wahr! Jetzt ohne Faxen also rundheraus: Das Selbst ist nicht ein Extrafakt des Menschen, Zauberhut, bedeutend anzuschaun, das gibt bloß redensartlich Nachschlag auf die Existenz: Das wahre Selbst! Ich glaube, dass ich bin, und handle so, ich mache Sachen wahr, das kann man sehn. Mehr Wahrheit braucht man nicht, nicht wahr?

Er fühlt sich nicht kuriert, er fühlt sich schikaniert. Er denkt, das ist doch keine Medizin, und schaut in die Gesichter: Du bist, du und du, ja freilich, das ist kühl botanisiert! Und effizient. Da wird mich wieder Mitleid schütteln, eh ich noch die Menschenpflänzchen pflücke: Rupf ich dich, du? Rupf ich dich? Nein, rupf dich nicht. Sei halt du selbst – auch wenn es nervt, dass du mit jedem Rülpser noch was andres meinst: Ach, nebenbei, ich bin ich selbst! Man müsste euch, ihr Pinsel… ja, euch selbst!

Er denkt an Zoë, Hanold, nebenbei. An Zoë: Würde, denkt er, man wohl Hochzeit halten mit so einer, die nur ist und nicht sie selbst? Geloben Treue, Liebe, wies auch kommt? Du abgerupftes Blümchen, Zoë, wohnst jetzt im Notizbuch, kleb dich hier auf Seite eins, ich schwörs, auf ewig? Hochzeit? Eine, die sich selbst nicht so verschieden, dass ihr niemand innewohnt, zu merken, wann sie innen angerührt, und aufsperrn könnte, dass ich bei ihr Einkehr halte? Nee.

Und übrigens, denkt er und leert sein Bier, man muss ja auch nicht jedes Mädchen in die Ehe führen! Muss man nicht.

Da muss er lachen, Hanold, der mit Glück die eine abbekommen hat. Er schaut nochmal in die Gesichter, geht.

Geht ein paar Schritte nur, dann bleibt er stehen, nein, er setzt sich auf die Bank, bloß einen Augenblick, zur Ehrung eines Einfalls, den er hat. Er sieht das Standbild an, das hier, von Müll umgeben, eine Frau zeigt, Mädchen auf dem Schoß, die Wespen schwirren um sie her, und Hanold denkt: Hier find ich Zoë abgebildet? Zoë mit dem Kindchen? Zoë ja, man muss nicht immer die Gradiva sehen! Das erfreut ihn. Und er geht.

Geht ein paar Schritte nur, dann bleibt er stehen, abermals, und freut sich stärker, wieder so ein Einfall, was soll daran komisch sein: Verlobung mit der rein erdachten Frau, dann Wortbruch, Abkehr, Hochzeit mit der Zufallsbraut, real in Fleisch und Blut… Wieso denn Wortbruch? Hat man nicht geschworen, dem im reinen Denken anvertrauten Ideal im Zufall seiner Leibesexistenz auch treu zu bleiben? Was kann sonst ein Mensch denn schwören? Wem kann man sich sonst verschwören als nur ihr, der idealen Möglichkeit des Menschen? Welchen Inhalts kann man schwören als bezogen auf die Negation der Möglichkeit allein – das Leben, dieses Abgesondertsein, konkret im Schweiße seines Angesichts… Das ist kein bisschen paradox, gedachten Dingen opfert man, reale fasst man an, und wenn sie eins sind, nennt mans Vögeln. Zoë, du konkretes Einzelding, komm her zu mir! Gradiva, du Gedachte, dir versprech ich mich, so komm auch du und heb das Füßchen, allegorisch wie ichs mag… Ihr Narren, das, Verzeihung, nennt man Weisheit, man muss munter sein!

Hanold unterwegs. Das frühe Bier ist ihm bemerklich, nicht ganz sicher mehr der Schritt und in Gedanken Schwärmerei. Gehüllt in eine Wolke Kurzgedachtes, zieht er durch Straßen, staubig, heiß, voll Menschen, Mitte, weit und breit kein Wiesenplan, kein Waldprospekt, treibt hin zum Alexanderplatz: Das ist ihm eben eingefallen, Hanold möchte U-Bahnfahren, schwankend, angetrunken, noch benommen durch den Sonnenschein, mit schweren Augenlidern und erregtem Gleichgewicht! Er denkt jetzt abgerissen, nachmittäglich ruppig. Zoë, die reale, denkt er, Zoë, die er jetzt besuchen wird, bedrängen, sie zur Paarung fordern, Einigung, Erkenntnis, nackt im Angesicht und Schoß, denn alles ist real, was anders hätte kommen können. Umso dringender wird sein Ersuchen, Fordern, unabweisbar, weil sie einzigartig ist und köstlich, weil sie jeden Augenblick verliert, und kleiner, härter, runder wird, ein Edelstein, der funkelt, wenn das Licht der ausgeschlossenen Möglichkeit sich bricht – der Möglichkeit, fatalen Möglichkeit, die niemals nichtsein kann, denn Möglichkeit ist Schicksal, unabweisbar, die Gradiva, nur dem Denken eingegeben als ein Traum: Fatale! Herrlich, wie sich das vermischt, wie dreist Gradiva, ohne es zu dürfen, Zoë vorgibt, was sie lassen soll und welchen Möglichkeiten sich verschließen, um sie selbst zu bleiben; wie Gradiva daraufhin durch Zoës nackte Existenz der Übertretung angeklagt wird: Von der reinen Möglichkeit auf fleischlich Existenz zu schließen, ist verboten! Leck mich doch, Bedingung meiner Existenz, ich bin ganz anders anders, als dir lieb sein sollte! Hanold lächelt chauvinistisch in Gedanken: Mag der Umgang Zoës mit Gradiva streng geregelt sein, gesetzeshaltig ohnegleichen, dennoch finden beide einen Weg, wie sie einander heimlich doch bestimmen. Schön. Geheimnisvolle Freiheit des Fatalen: Immer einen Hasenhaken schneller! So verhindert es das absolut vollkommene Subjekt, das Subjekt ohne Andern, endlos schuldgesprochen, eins mit sich zu sein, identisch, Sklave seiner selbst und ohne Unterscheidung.

Hanold in der U-Bahn, er ist hinten eingestiegen, und zum Glück in einen neuen Zug, der nicht in Wagen abgeteilt ist. Durch den ganzen, überlangen Wagen kann er sehen, das ist wichtig, denn die Strecke ist so kurvenreich, man sollte meinen – Hanold tut es – dass die Ingenieure Drogen nahmen, grob die Richtung durch das Schnapsglas angepeilt. Der Tunnel windet sich, mit ihm der Zug und jede Kurve läuft als Welle durch den Wagen, schauert durch den Gliederbau des Zuges, rollt auf Hanold zu, der hinten steht und glücklich sieht, wie jede Kurve sich von weit her anzeigt, weich durch die Maschine läuft. Die Zeichen eilen auf ihn zu, ereilen und erfassen ihn und löschen aus – im Tunnel hinter ihm, im Tunnel, leer und hohl, und vor ihm laufen neue Wellen weiter auf ihn zu und brechen sich an ihm und ebben in die dunkle Röhre hinter ihm. So fährt er Heinrich-Heine-Straße, Moritzplatz, Kottbusser Tor, hier muss er raus, obwohl die besten Kurven erst noch kommen, drängt sich durch die Menschen, Dealer, Trinker, Süchtige und Punks, dazwischen brave Bürgersleut, daran erkennbar, dass sie sich nicht unterscheiden. Hanold taucht in diese Masse, Wellen laufen auf ihn zu, schon wieder Wellen, Menschen, Volk, hier lebt der Bodensatz von Kreuzberg, hier im Untergrund, vulkanisch siedendes Geschiebe, Menschenmergel kocht, es steigen zähe Blasen auf und platzen stinkend. Durch die Menge windet sich der Tunnel, jeden Augenblick verlegt er sich, der Boden unter Hanold schwankt, jetzt geht es hoch ins Freie, auf, er sieht den Mond schon durch das Loch, das er nach oben klettert, fahl im jungen Abendlicht, ihm ist, als müssten Sterne stehen, müssten sich die Sterne drehen hoch am Himmel über Kreuzberg, über Hanold, hier im Herzen Kreuzbergs, das ein Schmutzherz ist, so pochend, zuckend, Magmakammer, herrlich pestilent, der Boden schwankt, er federt über den Vulkan im Untergrund – nun gut, zwar hat er Alkohol getrunken, Hanold, dennoch aber bleibt es wahr, dass dieser fahle Tagmond taumelt, dass der Boden sich von unten her verflüssigt und die Straßen schwimmen lässt.

Zur Nacht ist er alleine. Zoë ist, gestärkt durch Hanolds wilde Mühe als Begatter, noch zur Sitzung aufgebrochen. Er ist heimgekehrt in seine Wohnung, hat ihr noch gebeichtet, als sie ging; hat den Verdacht gebeichtet, den ihm seine Vorstellung erregt – sie sei verschworen, brenne dicke Autos ab – hat dies gebeichtet und das zweite, dass er sie im Park gleich als Figur gesehn, mit einem Mädchen auf den Knien, ein Standbild. Nur den Namen hat er ihr verschwiegen: Zoë mit dem Kind… Zu erstem hat sie laut gelacht, nichts abgestritten, alles zugegeben und gesagt: –Ein Glück, dass du nur mich kennst, niemand sonst, ich müsste dich erschießen, dass du schweigst! Zu letztem fiel ihr ein: –Im Weinbergspark treibst du dich rum? Da zwischen Müll und Heroinverstecken? Na, kein Wunder, wenn du phantasierst! Und dieses Mädchen will ich von den Knien, das kann Gradiva haben. Nicht mit Hanold, streng erklärt er ihr: –Gradiva mit dem Kinde ist unmöglich, du vermengst die Sphären, um Gradiva herrscht nur strenge Allgemeinheit, unvermeidliche Gewissheit, da sind Kinder nicht am Platz. Und Zoë: –Ach, das macht mich neidisch.

Hanold, kaum zuhause, sieht noch einmal nach, ob sich nicht Sterne drehen, doch dann legt er sich zu Bett – und kann nicht schlafen. Seine Plage sucht ihn wieder heim, das Leid der Arbeit: Summen der Studenten, Fliegenplage, Nervenpein. Mit wütenden Gedanken schlägt er um sich, wälzt sich in der Vorstellung, reibt sich das Hirn nochmal mit Schnaps, nur nichts will helfen, immer wieder sieht er sich bekrabbelt von Gedanken an Studenten. Einzigartig wolln sie sein, nicht austauschbar, verwechselbar, und balgen sich zu Tausenden um hingeschmissne Köder, Differenz, das macht dich anders, friss und werde, Dutzendköder, und wenn einer was geschluckt hat: Credo und Confiteor! Das scheißt er einem in die Bücher, auf den Lampenschirm, ins nackte Angesicht: Ich glaube und bekenne! Weiß es, denn ich brenne!

Hanold, beim Erwachen, ist erschlagen, ganze Nacht so unruhig, nun der Morgen, scheußlicher und hell, die Fliegen noch vermehrt, die Sonne scheint schon wieder, gleich muss er das Haus verlassen, S-Bahn Friedrichstraße, dann zu Fuß, noch einen Kaffee in der Sonne, Arbeit, wie erloschen seine Gabe, Wahn und Traum, und Zoë spät am Abend – ihr erst in die Arme sinken, Zoës kühle Hände auf den ausgebrannten Augen…

Hanold im Büro, von seinem Schreibtisch hat er Bücher fortgeräumt, nur alles weg, der Bildschirm zeigt die Datenbank, Verzeichnis aller Bücher hier. Und Hanold, der Barbier, behandelt seine Datenbank, brennt ihr den Eiter aus, tupft Äther auf den Schrund, zieht Zecken und spritzt Gegengift. Die Vorstellung wie eingesperrt, sein Denken hangelt um den Käfig, streckt die Arme rein und kann nichts greifen, langt nicht hin. Im Käfig ruht die Fähigkeit, siecht Hanolds Möglichkeit, wie Hermes alle Wissenschaft zu gründen, alles Wissen zu erfinden, sechsunddreißigtausend Bücher zu verfassen – oder soviel Seiten nur – soviele Zeilen, Worte: Eingesperrt!

Von ferne regt sich ein Gedanke, nicht zu sehen erst, nicht einzusehn, bloß angekündigt. Hanold fasst sich, neuer Hoffnung, räumt der Freude einen Stuhl frei, wartet, denkt: Es ist umstritten, ob die Bücher alle von ihm selbst sind, Hermes, sechsunddreißigtausend an der Zahl, denn schließlich heißt es auch, er hat die Wissenschaft erfunden und vergraben, hat sie in Ägypten eingebuddelt, Säulen drumgestellt, die heißen: Nadeln Pharaos. Jetzt rückt der angekündigte Gedanke näher, setzt sich, demaskiert sich, reißt den Mantel auf. Er zeigt sich, dünn und klapprig von Gestalt, doch streng unwiderleglich: Hanold kann nicht bleiben, bei der Arbeit, muss hier weg, muss seine Füße brauchen, unterwegs sein, Welt mit Wahrnehmung betasten, Wahrnehmung mit innerem Gefühl, muss sie beriechen, anschaun, inneres Gefühl zum Anstoß nehmen und, die Beine in der Hand, bloß einen Satz entkommen, einen Satz weit, weg von hier. Unmöglich, jetzt noch hier zu sein, nachdem sich diese Glücksvorstellung eingenistet: Heute frei... sein Herz klopft, so noch Arbeit? Niemals, man muss wagen zu entkommen, aus dem Haus zu schleichen, ungesehn. Zwar wär es kein Problem, mal früher Schluss zu machen, nur... er zieht es vor, die Flucht geheim zu halten – nicht, weil sich das Lustgefühl der Freiheit so noch steigern ließe, Lust der angemaßten Freiheit, regelwidrig, nein; er fürchtet einfach, dass, wem immer er begegnet, man ihm ansähe, worauf sein Sinnen geht und was er vorhat; fürchtet, dass ihm ins Gesicht geschrieben steht: Herr Doktor Hanold geht und sucht sich einen Tagtraum, holla, das ist ein Verstoß, das steht nicht im Vertrag, das fehlt in seiner Arbeitsplatzbeschreibung: Hanolds Vorstellung sei frei. Der Rechtsverstoß ist Hanold gleich, nur unerkannt hinaus und ungesehen das Gesicht... Er eilt zum S-Bahnhof, eng an den Häusern, Mauern lang, an einem Tor stößt er zusammen, eine Frau, und es durchzuckt ihn, sie nicht anzusehen, lieber nicht, wer weiß... nur weiter, schnell davon, der mit sich selbst Verschworne kennt den Menschen nicht, konspirativ erblindet, niemand, nichts, versunken eilt er weiter, nur nicht lachen, erst im S-Bahnhof, erst hier, wo alle Leute im Gesicht nur ihre Richtung tragen, die sie nehmen, hier erst, Vektor in Gemeinschaft mit Vektoren, vergesellschaftet mit Richtungszeigern – hier gestattet Doktor Hanold sich zu lachen. Hanold lacht, er grinst bis Yorckstraße, da steigt er aus, macht ein Gesicht, als könne er kein Wasser trüben. Irgendein Flaneur, er schlendert, geht gelassen. Freier Mann. Der Freie hat es niemals weit, bloß ein paar Ecken, dann ist jedes Ziel erreicht. Der Park Viktoria, der Kreuzberg, Ausweg aus der Stadt, der letzte Ort hier weit und breit, wo man mal Aussicht hat, wo man ein Kilometerchen weit sieht und nicht dabei auf Höhlen steht, auf Hohlraum, aufgemauert, tiefgestapelt, nichts, kein Turm, kein Hochhaus, keine Tunnel, dichte Erde unter sich, den Füßen, Erde unterm Fuß. Und Aussicht.

Steil, im Zickzack geht es hoch. Verzierter kleiner Berg, wozu auf Zier verzichten, wenn schon so ein Berg nicht künstlich ist! Ein Bächlein hat man angelegt in diesem Miniaturmassiv, als Illusion und Unterhaltung, sprudelt hell und schnell bergab, ein rasches Wasser, das nicht wissen kann: Es wird in einem Teich verenden, unten, einem Becken mit Verzierung. Hanold lässt sich nieder, streckt die Hände rein und wäscht sich. Mehrmals kreuzt der Weg das Wasser, Hanold bückt sich, lässt es durch die Hände rinnen, reibt es ins Gesicht. Erfrischt langt er am Gipfel an, umrundet, wie sich das gehört, das Gipfelkreuz, nimmt artig zur Notiz, was es bedeutet: Unser König hat den Sieg errungen… Glückwunsch. Dennoch tot. Kaum eine Handvoll Menschen hier, in Mittagshitze döst die Stadt, ein leichtes Dröhnen über ihr, wie Nebelschwaden, schwerer Dunst von Tönen, Hanold streckt den Kopf hin, schaut ins Rund, und Tropfen rinnen aus den Haaren, rinnen über sein Gesicht. Er liebt den Ort, den Überblick, man atmet ihn, er kommt von fernher mit den Wolken. Hanold auf dem Kreuzberg, steht und schaut. Da unten, irgendwo, Gewirr der Straßen, dort ist Zoë unterwegs... und sieht nur bis zur nächsten Mauer. Mitleid fasst ihn an, mit ihr, ihm ist, er müsste ozeanisch ihre Wege lenken, er, aus seinem Überblick heraus sie denkend lenken, dass sie nur nicht fehlgeht im Gewirr. Das muss er nicht. Sie pfeift auf Überblick, Zusammenschau ist für Touristen, man muss Pfade kennen, nicht ihr Netz. Das sieht er anders. Hanold, Schüler dieser großen Stadt, lernt gut und merkt sich: In der Stadt zu wohnen, heißt nicht wissen, wie das Wetter wird – kaum, wie es ist, da müsste man den Kopf ja heben. Nun, hier oben sieht er, wie das Wetter wird: Im Westen eine Front, zerrissen, heftig, dunkel, über Grunewald. Er schätzt, in einer knappen Stunde ist das Wetter da, bleibt reichlich Zeit, sich einzustelln. Noch döst hier alles sommerlich, sitzt Kreuzberg im Café und phantasiert von wolkenlosen Himmeln.

Später heißt es dann empört: So plötzlich! Regen! Wenn da mal das Kapital nicht… seine Finger…

Hanold, ein Gedankenbauer, von und zu Gedanken auf dem Land gekommen, Sinne frisch vom Feld, und Aussicht, Alter, fühlt sich stärker. Hanold kann das Wetter sagen, ist ein Wundermann. Er wollte Freiheit, hat sie sich genommen. Jetzt kein Bangemachen, er ist nur zum Denken hergekommen. Mut, denkt er. Wer Hasen mal in Freiheit sah, wie sie sich Hasentum verkünden, ist gerüstet für die sechsunddreißigtausend Bücher, rüstig für die Nadeln Pharaos. Er hebt den Blick und lässt ihn schweifen: Kirchen, Häuser, Türme. Sind das Nadeln, denkt er, in den Wüstensand gerammt? Wie soll da was vergraben sein, Erkenntnis, Wissenschaft? Die Nadeln Pharaos – das sind nur Zeichen, Male, aufgebaut zur Abwehr und von Leuten, die es misslich fanden, sechsunddreißigtausend Bücher nicht als Schatz zu finden, fertig ausgegraben, allgemeinverständlich formuliert, und so viel Witz! Die Nadeln Pharaos, als Schrecken aufgerichtet in der Ahnung, dass man sie erst schreiben müsse; nein, dass jeder sie erst schreiben müsse, jeder einzelne und immer wieder neu. Du bist geboren und gebürtig nur du selbst? Dann spitze deinen Bleistift. Sechsunddreißigtausend… so viel Bücher harren dein. Da rammt doch mancher lieber Nadeln in die Wüste, hängt den Mantel um und faselt magisch: Will nichts wissen, wenn der Horizont der Wissenschaft nur Ungewissheit ist! Da pflanz ich lieber Zeichen auf, vergib die Kleinmut, Hermes, und der Nachwelt sei gesagt: Bedenke, dass Gewissheit nur aus Ungewissheit stammt, genauer – ihrem Ende, das hinwieder findest du am Horizont, wo du nicht weitersehen kannst, lauf los und finde es, da sind auch goldene Töpfe!

Hanold denkt verächtlich: Wenn ihr meinen Horizont mit Nadeln auch wie einen Käseigel spickt – ich hab schon Hasen frei gesehn! Dann schreib ich halt die Bücher, sechsunddreißigtausend, mit oder ohne Wissenschaft. Und warum nicht? Ich kann auch die Gradiva kraft der Vorstellung da unten rummarschieren lassen, überall, von links nach quer, und macht Gradiva einen jähen Schritt, biegt Zoë hinkend um die Kurve, abgelenkt von irgendeinem fremden Wahn – nicht meinem Wahn, bewahre; Wahn der Wissenschaft, genannt Notwendigkeit, dem feuchten Traum der Schöpfer. Alle Teufel, Wissenschaft, das Narrenhandwerk! Antwort wollte ich – gegebnenfalls – auf eine Frage, eine Frage nur: Wieso ist Zoë, irgendwo da unten, von dem Weg, den sie doch gehen wollte, abgebogen – mal gesetzt, das sei der Fall; weshalb hat sie den Weg verlassen, so als weiche sie Gradiva aus, die ich aus meiner Vorstellung in ihren Weg gesandt? Von welcher Eigenart ist denn der körperliche Zwang, der Zoë bei den Schultern fasst und andere Wege lenkt, als ihre Absicht wies, wenn dieser selbe Zwang begrifflich schon ein Irrtum ist? Ich denke mir Notwendigkeit – mit Recht und reiflich abgewogen – und ich irre doch, sobald ich sie an irgendetwas kehren will, ihr etwas unterwerfen, bloß ein Stäubchen... das da trudelt leblos durch die Welt, doch komm ich ihm mit Zwang und Not: Du sollst nach oben, nicht nach unten – wird es frech und lebhaft und weicht aus. Wann immer man das Denken an die Wirklichkeit annähert, wird es Fratze, Wahn – und gibt ja doch nichts Schöneres, nichts Einsichtsvolleres als diese Art von Irrtum! Irrtum im Galopp des Denkens, hüh: Gradiva, Zoë wie sie sein soll allgemein, schubst Zoë, wie Gradiva im Besondern wäre, von der Bahn! Wie kann Gradiva Zoë schubsen? Allgemeines ist ja tot, nur das Besondere lebendig. Wie kann eine Tote Lebende… wie kann der Tod das Leben rempeln? Weil ich jedem Wahn die Wirklichkeit bestreite? Warum sonst wohl gar?

Hanold auf dem Berg, gefangen in der Bangigkeit des Denkens, Hanolds Überblick verliert Zusammenhang, das Bild der Stadt gerinnt zu einem Horizont – es ist der Augenblick, da ihm das Denken allzuweit entrückt und langsam kollabiert, ein Grenzgeschehn; wie wenn er mit dem Fahrrad stürzt, den Sturz schon nicht mehr hindern kann und umso mehr genießt... weil nichts zu tun bleibt als Empfindung... alles in Empfindung. Hanold, auf dem Berg, wird angeläutet auf dem Telefon, viel fehlt nicht, dass er es nicht hörte, oder, obzwar hört, nicht wahrnimmt, dass es Läuten ist... nach ihm... am Telefon... ist Zoë!

–Na, wo bist du? Ich komm hin!

–Ach du, wie…

–Ja.

–Ich bin... Du bist… gerade abgebogen, oder?

–Wie?

–Bist abgebogen, das war meine Schuld, du wolltest gar nicht um die Ecke, dennoch bist du abgebogen... Tschuldigung.

–Sag, wo du bist, ich rette dich!

–Du rettest mich...

–Du kriegst jetzt Therapie verpasst. Mit Couch und sonstigen Schikanen. Sag doch, wo du bist?

–Na, Kreuzberg.

–Wo?

–Ganz oben drauf!

–Ach... Herrgott, da! Touristenfalle. Na egal. Ich komme, ja? Ich habs nicht weit. Suizidier dich nicht, bis gleich.

Er macht sich an den Abstieg, fragt sich nicht, warum – er könnte oben warten, dann… dann fände sie ihn oben, fände ihn bei all dem Unbehagen, das er sich erdacht hat. Liegenlassen. Wie die Zigarettenkippen. Soll ihn Zoë finden, wie er schuldbewusst in Zigarettenkippen scharrt? Gesenkten Hauptes auf Gedankenstummel starrt? Da geht er lieber ihr entgegen, warnt sich gar: Der Weg ist steil, man könnte rutschen, schon liegt man im Staub, im Wasser oder macht sich sonst zum Narren... wenn man nicht schon närrisch ist, schon immer.

Närrisch, denkt er rechtlich, wirklich dämlich, dummer Zufall, dass sie anruft – in demselben Augenblick, in dem es auch noch passt zu dem, was ich grad dachte! Zufall hat den Zweck, aus Weisen Dummköpfe zu machen. Zufall legt dem Denker Fallen, Stricke aus, so sichtbar, dass er dennoch drüberläuft; hängt wie Reklametafeln Ruten aus mit Fliegenleim, ganz dreist und dumm und siegessicher – noch mit Hinweistafel: Achtung, Leim! Der Weise flattert trotzdem rein, der Leim ist doch zu merkwürdig, um Leim zu sein. Was soll man auch von Zufall halten: Dummdreiste Versuchung, billig lockende Versuchung falschen Denkens. Und jetzt das noch: Zoë ruft ihn an, in ausgerechnet diesem Augenblick... Es ist schon schwer genug, Gradiva nicht Komplizin seiner Wünsche sein zu lassen; Wünsche, die, auf Täfelchen geritzt, er Zoë um den Hals hängt: Sesshaft, kinderlieb und ehetauglich...

Er erreicht das Wasserbecken, ohne hinzuschlagen, wartet dort auf Zoë, soll sie ihn doch therapieren. Eis wär gut, er sieht zwei Kinder schlecken, ungeschützte, nackte Freude: Eis! Dass Zoë Eis mitbringt, wär wohl zuviel verlangt, ein Zufall auf Bestellung. Hanold konzentriert sich: Zoë, Eis! Er schleckt an dem Gedanken. Ungeschützte, nackte Freude.

Zoë bringt kein Eis. Sie kommt, umarmt und küsst ihn, freut sich seiner: Wohlerhalten steht er da, scheint alles nicht so schlimm, wirkt wie ein Mensch, ein richtiger, gefestigt, beinah unbeschädigt. Musterung, sie tritt noch einen Schritt zurück, gewinnt Distanz, ergreift Besitz, –Jetzt rate, sagt sie, –wer ich bin. Gradiva? Oder ich?

–Du bist nur du, nichts anderes als du. Er zuckt die Schultern, lächelt tröstlich.

–Falsch geraten. Ich bin sie, mein idealisiertes Ich! Das musst du unterscheiden können, hörst du? Wie erkennst du mich denn, wenn ich mich nach deinen Wünschen umgebastelt habe? Ich bin Zoë, idealisiert, wie Zoë sein soll, unterwerfe mich dem Machtgelüst, das an mir zerrt... ich unterwerf mich deinem Machtgelüst, mein Liebster, unbewusst und grausam.

–Unbewusstes Machtgelüst? Das ist doch Tand! Wo kommt mir das wohl her? Wer bin ich, dass mir sowas zukommt? Ich bin nichts als Einheit meines Denkens, logisch, Einheit der Empfindung. Wie zum Teufel soll mir etwas unbewusst sein? Na?

–Das Unbewusste bist nicht du, es ist dein Sein. Es ruht im Schatten der Begriffe.

–Klingt ja schön, mag sein, was folgt daraus? Ich idealisiere dich? Doch nicht zur Frau schlechthin: Geliebte, allen Weibern über, du! Ich idealisiere dich zu dir schlechthin, zur reinen Möglichkeit, die ich nicht lieben kann, weil sie nicht ist – sofern ich selber bin. Das ist der wahre Schatten der Person, der geisterhafte Abriss ihrer Möglichkeit, negiert von ihrer Wirklichkeit. Erst dieser Schatten, noch einmal negiert, wird zu dem Trugbild, das ich sehe. Wo ist da noch Machtgelüst? Gar unbewusst? Du suchst im Unbewussten doch den Abgrund, das Geheimnis, unterirdisch, Zauberreich. Du wirfst dich auf den Schatten – aber landest auf dem Bauch und scharrst im Staub! Ich weiß, ich bin von andrer Wirklichkeit bestimmt, sobald Gradiva, dies Gespenst umgeht – was heißt das aber? Erstmal nichts, und ganz bestimmt nicht, dass in mir etwas verborgen ist, was ich nicht weiß; das irgendsoein Dunkelmann und Schatten-Ich vergraben hat, weil es so furchtbar lichtscheu ist und feig und neidisch lieber etwas eingräbt als behauptet!

Zoë prüft ihn. Skeptisch. Schüttelt sich. –Dein Intellekt ist penetrant – wie jeder kleine Mann mit zuviel Macht. Vergiss den heiseren Despoten, lausch dem Schweigen deiner Existenz, da ist kein Schattenmann, du schließt dich zur Monade, du wirst Seele, Wissen, Psyche. Sein ist Hingabe, der Rest nur unbewusste Abwehr. Kerl, solange dich dein Intellekt zuquatscht, will ich Gradiva sein und mausetot, und wenn er einmal schweigt, lausch auf dein unbewusstes Sein, das sagt kein Wort und hütet still sein Wissen. Dann… Dann schau mich an.

Sie sind betreten, beide, drucksen rum, und machen was mit ihren Füßen, sie ein Schrittchen, er kickt einen Stein – sie küssen sich, nicht leidenschaftlich, prüfend – nein, das hilft noch nicht.

–Ich traue deinem Sein nicht, flüstert Hanold, lehnt die Stirn an ihre, –glaube ihm sein Schweigen nicht. Es lenkt nur ab und produziert derweil die Chiffren, die ihr Träume nennt und deuten wollt; gebiert sie, schweigend, konzentriert und grimmig. Mensch beim Scheißen. Und ich akzeptiere diese Chiffren nicht, die Zeichen der Besessenheit. Wenn ich Gradiva sehe, ist sie wahr – auch wenn die Wahrheit deiner ins Gehege kommt. Dann lausch ich euren Ansprüchen, mit skeptischer Methode. Zugegeben: Ist nicht die perfekte Welt, wo alles klar und deutlich ist, doch ich bleib kritisch im Geschäft. Wenn Wahn und Traum und Vorstellung nur Zeichen sind, ist außer mir noch einer, der sie macht und meint; den ich kaum deuten kann, geschweige denn befehligen. Das ist nicht hinnehmbar, was bliebe mir da übrig, als zu sagen: Wo das Ich ist, sollte besser Es sein.

–Oh, da weiß ich was, da musst du einfach saufen!

–Das ist ein Weg. Unter anderen.

Er mustert sie.

–Jetzt grad: Wen siehst du an, Gradiva oder mich?

–Nur dich, nur Zoë, bin kein Geisterseher.

–Wie soll ich das glauben? Glauben können? Wenn du mich so ansiehst, sink ich in den Staub, und sie, Gradiva, schält sich aus der Hülle.

–Nee, ihr seid verschieden. Du bist recht empirisch…

–Dennoch ist sie wahr? Und jeder deiner Blicke sagt zu mir: Sei so und so! Und bloß nicht Zoë.

–Nein, mein Blick sagt: Werde, die du bist.

–Was du bestimmst!

–Oh nein. Dass ich die Vorstellung Gradivas mir erschaffe, heißt doch nicht, dass sie nicht wahr ist; und dass ich sie schaffe, heißt nicht, dass sie mein ist, subjektiv bestimmt. Du würdigst sie herab, bestreitest ihr den objektiven Rang des Phänomens, missgönnst ihr Allgemeinheit, weil sie kein Gemeingut ist und allen als Gradiva gilt.

–Jetzt sagst du´s selbst, wie schamlos...

–Was?

–Was ich erst sein soll, ist Gradiva; bin ich – idealisiert. Die Vorstellung schaffst du, na bitte sehr. Was sag ich denn? Du bist befangen, bist vor dir befangen, kommst nicht weg von dir, aus dir zu mir heraus, da möcht ich doch mal wissen, wer hier wen misshandelt? Die Gradiva wird herabgewürdigt? Und von mir? Nur weil ich ich sein will?

– Bei allen Teufeln, dreimal nein! Sag, wessen bin ich angeklagt? Wer klagt da an und wer ist Richter? Wo kommt plötzlich der Gerichtshof her? Gradiva ist, wo du nicht bist! Sie steht, wo du vergehst; wo du, so wie du dir gegeben, mir amorph erscheinst – da ist der Formwille gereizt, ein Bild der allgemeinen Möglichkeit zu schaffen. Ist das bei dir nicht so, Zoë: Wenns drumrum amorph wird, greift der Formwille? Wo soll ich hin damit? Versenken? Ihn in Nichtigkeit des Denkens, diesem Nebel, Schatten, diesig, trüb, vertun? Gradiva ist ein Ebenbild des Dortigen, im Dortigen, ihr Abbild hätte keinen Glanz, im Hiesigen, auf dich gewendet. Sie ist nichts, als Wunsch zu wissen, wie die Wolke ihrer Möglichkeit sich lichtet. Sie ist nichts, unendliches Interesse – an dir selbst, ist dein Interesse an dir selbst, das ich erlernen will. Gebot der Liebe, sozusagen...

–Du betrügst mich mit Gradiva, dass ich Ruhe hab, um ich zu sein? Das ist ja schlimmer, als ich dachte. Was denn, brauch ich dich als Schutzengel, mentale Bresche, um nicht anzuecken, ich amorphes Ding? Bist du mein geistiger Diätberater? Klar, aus Liebe, das versteht sich! Dachte nicht, dass du so´n Flegel bist.

Sie grummelt. –Größenidee auf zwei Beinen...

–Größenidee, sagst du mir, eine Größenidee?

Hanold schmunzelt, macht sein pfiffigstes Gesicht. –Das ist kein metrisch schönes Wort, gebrauch doch lieber Wörter, Zoë, die man singen kann, ich bitte dich.

Sie dreht um Hanold eine Runde, klopft ihm das Gesäß: –Ich muss jetzt weiter. Morgen, wenn du magst, um diese Stunde wieder. Und so fort. Ich denke doch, du bist stabil genug fürs Standardsetting, Analyse, dreimal wöchentlich, im Liegen, streng jungianisch!

–Wie, ich tauge nicht für Freud? Ich bin nicht gut genug fürs Sexuelle?

–Übers Jahr vielleicht. Jetzt erstmal Archetypen. Du bist kollektiv verwirrt, noch alle Sinne aufgescheucht vom urbildhaften Sein.

Dann ist sie fort. Sie geht nicht, geht nicht eine Straße lang, sie ist nur fort. Und Hanold bleibt zurück mit dem Gedanken: Wahn darf einfach so verschwinden, aber keine Frau. Das ist ihm peinlich. Plötzlich schwankt er, was er denken soll: Zwar sollte das unmöglich sein, wenn andernfalls empirisch irgendwas zu glauben ist – doch kann er nicht mehr ausgeschlossen nennen, dass es allerdings Gradiva war, mit der er sprach. Nicht Zoë wars, Gradiva – seiner Vorstellung entkommen, seinem Hirn entsprungen und den Sinnen ganz und gar gegeben; seinem Wahn.

Er geht die Straße lang, bohrt Blicke in die Mauern. Bloß die Mauern nicht berühren, er ermahnt sich: Einfach schauen, prüfen – ob das ganze Stadtbild nicht auf Wahn beruht am Ende. Feste Häuser, in den Sand der Einbildung gerammt. Die Nadeln Pharaos, die Bücher, sechsunddreißigtausend. Hanold im Berliner Urstromtal, er rudert durch die Häuserfluten, Häuserschmelze, abgeschmolzen aus dem eiszeitlichen Panzer, seit die Vorstellung an Hitze zulegt, hoch und höher steigt und sengt und brennt, und Zeit abtaut. Die Häusermassen werden frei, sie tröpfeln, rinnen, strömen, Bauten, die auf Bauten folgten, ihren Ort vererbten, ihren Geist einbüßten, Hütten und Paläste, ganze Dynastien des Bauens lösen sich und sickern aus dem Panzer ihrer Folge, bilden Ströme, türmen sich, Gebäude strudeln, schnellen, drängen fort zum Ozean des Fertigen, wo nichts gewandelt, alles in Bewegung bleibt, Erinnerung des Werdens, Wiegen, nur noch Wiegen. Hanold sucht, den Kopf zu halten aus der Flut, und wird getaucht, taucht auf, taucht unter, um ihn gurgeln Bauten dieser Zeit und anderer, die Wellen schlagen über ihn, er spuckt und rudert, kämpft sich vorwärts, bis er Grund spürt an den Füßen; kriecht aufs feste Land, er schleppt sich, lässt sich liegen, ringt um Atem, liegt ganz ruhig, schöpft wieder Kraft und sieht sich um. Sieht den Kanal; er riecht ihn: Träge steht sein Wasser in der Sonne.

Dort die Mauer, halbhoch, Hanold möchte sitzen, sich verweilen. Mauern laden ein, sich zu verweilen. Hanold geht. Davor ein Sandplatz – und ein Mann, der ihn nicht interessieren kann, ein Kauz, und Käuze findet Hanold unerzogen. Käuze stellen ihre letzte Möglichkeit nach außen dar, sind abgestorben, präsentieren sich versteinert aller Welt im letzten Hemd, wie sie im Krampf erstickten, nur nicht unbestimmt zu sein. Der Kauz vor Hanold, dieses Exemplar, sitzt ruhig im Klappstuhl, trägt ein Sonnenhütchen, das Gesicht ist fett und froh. Wahrscheinlich frühverrentet, mutmaßt Hanold ohne tieferes Interesse. Vor dem Mann und seinem Stuhl liegt umgekippt ein Fahrradhänger, der als Schreibtisch dient, nein:

Zeichentisch. Ein Block darauf, ein Köcher Stifte. Hanold, schamlos, gänzlich uninteressiert, tritt hinter ihn und sieht ihm auf sein Blatt, die Zeichnung zeigt ein Straßenschild, ist kunstlos scharf gestrichelt. Hanold wunderts nicht: Der Kauz malt Straßenschilder. Hanold liest: Carl-Herz – dann folgt ein U.

–Sie interessieren sich für Straßennamen?

Fragend dreht der Mann sich um, mit freundlich klugen Augen.

Ehe Hanold noch erwogen hat – oh, Straßennamen, warum nicht – erfolgt schon die Erläuterung, das hatte Hanold meiden wollen: –Allgemein ist Name ja nur Zier, es herrscht das Topographische: In Wilhelmstraße Nummer Soundso, Gestapo und SD; Karl-Marx-Allee, das Café Moskau. Unsinn, solcherlei Methode, falsch. Ich sage: Genealogie! Mit Genealogie begreift man die Geschichte einer Stadt. Die Häuser stürzen ein, man baut halt neue. Straßen erben und vererben ihre Namen. Ich benutze ein System der Abstammung: Wird eine Straße umbenannt, so folgt ein Sohn auf einen Vater, Nachbarstraßen sind Cousins, und immer nur so fort. Ich sage Ihnen, das sind Stammbäume, gewaltig! Furchtbar interessant. Ich wollte ein Museum haben, Wände, Wände. Wo ich wohne, hab ich Rahmen vor den Wänden, Leinwand, wissen Sie, gestapelt, Raum für Abstammung...

Er seufzt und strichelt was, er kratzt am Straßennamen.

–Nun, fragt Hanold, –und Carl Herz?

Der Andre dankt es ihm mit Strahlen: –Sozi, wacker, wacker, Bürgermeister hier. Und wissen Sie – da Sie sich interessieren, sah ich gleich – mein Faible sind die Zufälle, das zufällig Verwandte, Namen, die ganz unvermeint als Straßen zueinanderfinden, und der Fachmann lüftet das empörende Geheimnis: Gleiche Abstammung! Die beiden sind verwandt. Wir nehmen mal den Sozi hier, Politiker. Die andern in der Gegend sind meist Ärzte, Wilms und Dieffenbach und wie sie

heißen. Aber nehmen Sie den Wilms, Bethanienstift, ein Vor-
kämpfer für Sauberkeit. Der hat bewirkt, dass seine Kranken
saubres Wasser, nicht aus dem Kanal gepumpt, bekamen, sind
davon gestorben wie die Fliegen. Kaum gehts reinlich zu, wird
er zum Dank dahingerafft: Infekt! Tja, Schicksal, sagen Sie, ich
sage Synchronizität. Denn nun Carl Herz: Ganz anderes Me-
tier und andere Epoche, dennoch: Von den Nazis aus dem
Land geprügelt, kaum in England – eingesteckt: Weil Deut-
scher! Das ist herrlich, das ist die Verwandtschaft, die ich
meine, solche, die den Geist erhellt, subtil und künstlich ist.
Nun haben sie zwei Straßen nebenan. Was sagt man dazu! Zu-
fall und Verwandtschaft. Zufall durch Verwandtschaft. Das ist
die Methode! Schicksal, zufällig synchron, querbeet durch alle
Zeiten...

Hanold möchte nicht mehr auf der Mauer sitzen. Er be-
dankt sich. Menschenseele ekelt ihn. Ihn ekelt, dass sie nackt
ist, ein Gesicht hat und frisiert wird, liebevoll und unbeholfen;
dass auch jeder, gleich wie kläglich, dennoch hoch bekümmert
ist, Befinden auszurufen; alles ist ihm widerlich. Dies Men-
schentum, Gesichter aufgereiht wie grelle Huren im Bordell-
bezirk, und jede Seele hat ein Fensterchen mit Sessel, winkt
und keift und spreizt sich und trägt Strapse. Hanold geht, er
wendet sich und geht und sieht nicht in Gesichter. Schön ist
die Gradiva, ihre Nacktheit ekelt nicht, denn ihr Gesicht ist
geistig durchbestimmt, ein jeder Zug ist Wille ohne Not, nicht
nur Gelegenheitenmacherei der Wirklichkeit. Nicht Gott noch
Teufel, nein, Realienluden fangen und verkaufen dem Tat-
sächlichen die Seelen, schüchtern, viel zu jung und längst vul-
gär, nein, sie, Gradiva, lebt nicht, sie lebt fort und weiß sich
subsistent statt selbstbestimmt, bleibt unerläutert, nicht Erläu-
terung von etwas, das das Selbst geheißen wird, der Abgott,
Baal, dies Sekten-Ich. Er denkt an Zoës Argwohn, ihren Trotz:
Sie sei Gradiva, sei es immer schon, sei allgemein bestimmt

und tot, nur anders, als es Hanold meint – dem Kollektiv ergeben, deformiertes Über-Ich der Pionierin, Kind, vom Sozialismus definiert: Genossin Kindchen, soundso. Ein Mädchen, Zoë, trägt die Uniform: ganz reizend sieht das aus. Ganz reizend, denkt er sich, denkt Hanold: Uniform! Er sieht zu einem Fenster hoch, französischer Balkon, denkt Zoë dort in Uniform. Nein, dort, die Brücke! Lässig lehnt sie am Geländer, hochgeschlossne Uniform, so nackt in ein Symbol gekleidet, dass die Undurchsichtigkeit zur Transparenz sich steigert. Leckt am Eis, ergänzt zum Ganzen, kindlich offenes Gesicht, und würdig, heiter, sozialistisch. Keine Uniform für die Gradiva, Uniformen sind nicht subsistent. Sie ist die Ernte, nicht Agrarreform: Kollektivierte Landwirtschaft der Seele, Selbstbestimmung zu herabgesetzten Preisen, Wohnung, Brot und Seelenanbau. Hanold denkt sich Zoë, wie sie trotzt und leugnet: Kein unendliches Interesse! Kein Interesse an sich selbst – als Möglichkeit. Ihr Trotz beweist – so kommt es Hanold zwingend vor – die Genealogie der Straßennamen, Synchronizität des Schicksals mit der Möglichkeit. Das wäre mal was Neues: Zoës Anruf vorhin musste sein! Er musste sein, weil Hanold die Gradiva so bestimmend dachte, dass für Zoë nichts mehr blieb als abzubiegen; dass sie ging, wohin sie niemals wollte. Subsistenz der Möglichkeit, und Zoë musste läuten, weil es gleichzeitig geschah, denn alles Andre wäre allzu unwahrscheinlich.

–Gott, wie schlüssig! Hanold schlägt sich vor die Stirn.

–Ja aber daraus, Hanold schlägt sich nochmal vor die Stirn, –folgt doch mit aller Strenge, dass kein Grund zur Eifersucht besteht! Es bleibt ja nicht nur unbewiesen, sondern unbeweisbar, dass sie mit dem Kollektiv geschlafen, mich betrogen hat! Ein Glück, denn gegen so ein Kollektiv mach ich ne klägliche Figur!

Das macht ihm Mut. Er müsste jetzt was lesen, meint er, seinen Kopf befüllen: Abgetragne, speckig glänzende Gedanken, fadenscheinig, die man sauber waschen muss. In Geistesdingen soll man Spießer sein. Man soll den kümmerlichen Schädelhaushalt reinlich halten und mit strenger Sorge pflegen, was der Zufall einem zu Besitz gibt, Weltanschauung handgewaschen und im tiefsten Hinterhof zum Trocknen aufgehangen.

So. Zum Lesen braucht man ein Café. Entschlossen räumt er seinen Platz, verlässt die Brücke, trabt am Ufer lang. Er schafft es, eine Ampel zu verstehen, dass ihn niemand totfährt. Bitte sehr: Cafés, er sucht sich einen Platz. Kaum sitzt er, hat er Hunger. Jetzt auch das noch. Hunger ist ein Umstand, aber: Wein und Nudeln. Und das Buch hervor, die speckig glänzenden Gedanken, Achtung jetzt, Vertiefung...

...hier am Ufer gehts ein bisschen sehr gefällig zu, ein savoir vivre überall, und jedermann mit sich und seinem Daseinswinkel hochzufrieden, Neuberliner Dorf-Boheme, so angepasst nicht-angepasst, man grüßt sich, Sonne, alte Häuser, mancher hat schon mal ein Buch gelesen, einfach so. Dazwischen Hanold, ringt, sich zu vertiefen, nicht schon wieder Ärger, Menschenfeindschaft, doch der Ärger lässt nicht locker, überall Arkadien, man entwickelt Schäfersitten, ganzheitlich, am Laptop im Café, hier wird das Netzwerk überwacht, die Schafsbeziehungen, gedrängt auf fetten Triften, Handys bellen, wenn ein Schaf sich zu verlieren droht. Na, immerhin, jetzt setzt ein Pärchen sich an seinen Tisch – die haben mal Gesichter, die nichts heucheln. Ringsherum sprießt Lebensfreude, keimt im Wattebett der Langeweile, diese beiden aber freuen sich, sie freuen sich des anderen und aneinander! Hanold merkt die Sympathie. Ihr Tuscheln ist noch Wahrung des Geheimnisses, der Ahnung im Gedanken, ungeheuerlich. Rings herrschaftsfreier Dialog und Kiezkonsens, man hockt im Loch und ist sich einig, dass das Loch der Nabel ist, der Nabel einer bessren Welt, nur diese beiden... Jetzt, jetzt wenden sie sich von der Pflege ihrer Heimlichkeit den Angelegenheiten zu, mit Angelegenheit! Sie sprechen ruhig mit voller Stimme von den Dingen, die sie angehn! Hanold ist begeistert, mitten in der allgemeinen Unterhaltung eine Unterredung, Reden, auf den Gegenstand gezielt – um ihn zu treffen! Fassen und zerlegen! Jäger unter Schäfern; gern, wie gerne würde Hanold da jetzt mittun, sich mit diesen beiden unterreden, teilnehmen, erraten und erwägen... Nein, das wäre lächerlich, Vermessenheit, so eine Unterredung ist Betroffenheit, nicht Willkür; ist Substanz, nicht Attribut. Und Hanold kann nicht Teilhabe an etwas wollen, das nur Existenz gewährt. Nur leider: Sich mit Zoë unterreden, heißt Dissens. Verständigung unmöglich: Hanolds Rede ist nur weihevolles, halbverschlucktes Raunen ohne jede Wirklichkeit, die ängstlich drohende Vision von festgegründet dauerhafter Existenz, vom Erben und Vererben der privaten Tradition, die Menschheitsfortschritt als Familienangelegenheit betrachtet – junge Erben schaukeln zwischen alten Bäumen... furchtbar, Hanolds Sehnsucht bleibt reaktionär, ein Seifenblasenkitsch, der schon zerplatzt, noch ehe er ein Wort gesprochen. Unterredung! Und nun Zoë, deren greifbarste Vision nur ein verneintes Weiterso, vertraglich abgesichert, ist, um frei zu sein nicht für eine Verbindung, sondern von der Fessel. Unerträglich defensive Selbstbestimmung, kombiniert mit abergläubisch freiem Willen, der gesteigert wird zur Absolutheit wahren Zufalls; eine Frau, die unverkündbar ist und frei...

–Die bar ist jeder Möglichkeit, knurrt Hanold durch die Zähne. Schöne Unterredung: Wenn er Zoë nicht verleugnen will – was zweifellos unmöglich ist, da er sie liebt – bleibt nur, sich selbst zu leugnen. Und sich selbst zu leugnen bleibt ein widersprüchliches Geschäft. Nicht, dass er dazu nicht zu haben wäre; nicht, dass er nicht Weisheit hätte, so zu wollen –

nur die Ausführung bleibt Strudelschwimmen, eine Wette, Schicksal gegen Herkunft. Man riskiert die Inflation des Ichs.

Er konsultiert daheim noch ein paar Bücher, Herrenreiter zwischen Kunst und Weisheit, noch zur Nacht einen Schluck Satire – dennoch lichtet sich der Nebel nicht. Er träumt in dieser Nacht, Gradiva winde Schlingen aus Gedanken und betrachte diese Schlingen, ernsthaft willens zu ergründen, wie nun eine solche Schlinge nicht bestimmt sein könnte, fest um einen Hals zu liegen.

Traum! An solchen Träumen kann man irre werden, Hanold schwört sich, mehr zu trinken, künftig unbeschadet durch die Nacht zu kommen, traumlos.

Andrerseits ist er so frisch, dass er zur Arbeit aufbricht, ohne sich zu grausen. Dennoch hält er sich – aus Vorsicht – dort im Schutz des Arbeitszimmers auf. Erst als die Pflicht ihn zwingt, wagt er sich in den öffentlichen Lesesaal. Hier ist es still, doch er misstraut dem Frieden. Skeptisch äugt er durch die Bücherreihen, was dahinter ist, ein Fressfeind oder Beute. Aluminiumnasen, die nicht reden, konspirieren. Geben sich, als läsen sie. Ein schauriger Gedanke: In den Köpfen, diesen Köpfen, bilden sich Gedanken, brüten über Büchern und es bilden sich Gedanken, etwas schnalzt, und die Subjekte dieser Köpfe finden, jetzt wärs ihnen eingefallen, endlich wüssten sie! Wie prachtvoll, Lernziel Meinungsbildung! Hanold fröstelt, denkt an Zoës Praxis, denkt an die Patienten, Menschen auf der Couch, die an die Decke starren, Zoës Stimme hinter sich vernehmen, Zoës warmes heilendes Organ, und in der Vorstellung Gradiva sehn – na, was sie dafür halten, die Verstockten; was sie für Gradiva halten mit dem vollen Unverstand, mit all der Anmaßung, zu der sie sich durch ein Attest berechtigt sehn. Doch niemand ist berechtigt, außer Hanold, Zoë zur Gradiva zu ergänzen, niemand, niemand sieht ja auch die Wunder, die er sieht; und niemand staunt so scheu vor ihrem

Menschentum; ist ansatzweise in der Lage, Zoës Einzigartigkeit als Folge einer Abkunft aus der Vorstellung zu kennen, als zerbrechlich mittelbare Kindschaft der Ideen, Artefakt des Geistes überhaupt, mit Andacht ausgegraben aus dem Schichtenreich des Lebens; niemand sonst – denn voller Habgier buddelt doch der Pöbel Schätze mit dem Kettenbagger, manipulativer Abschaum, der besitzen will aus Raublust, nur aus Raublust, und nicht weiß, was Schönheit ist noch Andacht. Hanold will schon schnaubend aus dem Raum – hält inne. In der Ecke, abgesondert, steht das Paar von gestern Mittag, nicht den Büchern zugewandt, umschlungen stehn sie da und küssen sich.

–August, Grete, denkt er und fährt schnaubend aus dem Saal, –auch diese beiden, August, Grete! Doch sein Schnauben hält nicht vor. Kaum ist er erst allein in seinem Raum, sind August, Grete wieder blass, und nur die Lippen, die sich küssen, bleiben seiner Vorstellung. Es nimmt ihn wunder, dass sich Lippen küssen, diese köstlichen Strukturen, das ist durchaus merkwürdig. Und umso rätselhafter, dünkt ihm, dass er Zoë küssen kann, sie küssen ohne dies Bewusstsein, dass ein Kuss durchaus nicht selbstverständlich ist; dass jeder Kuss Erscheinung einer Ausnahme bedeutet, einer absoluten, wohlverstanden! Jeder Kuss auf Zoës Lippen öffnet hoch das Tor, durch das Gradiva in ihr Reich eintritt.

Und es bestürzt ihn, dass er diesen Kuss beachtet; mehr, dass er die Küssenden erinnert hat; es reut ihn, dass er August, Grete über sie gedacht, er schämt sich, dass nicht Diskretion die beiden vor dem Blick, vor seinem Blick und Zudringen verborgen habe.

Früh am Mittag geht er fort, ganz anders aufgelegt als gestern, ohne Angst nun, jemand säh´ ihm ins Gesicht. Er drückt sich nicht an Häusern lang, an Mauern, Schatten, und der U-Bahnhof bedrückt ihn mehr, als dass er freier macht. Die Luft ist stickig heiß. Er sitzt seine Stationen ab, dann, ohne Schwindel, festen Schrittes steigt er auf den Berg. Allein mit jedem festen Schritt nach oben wächst sein Unmut, und je mehr er schnauft, beklemmt ihn Eifersucht auf die Patienten, die Verstockten, die bei Zoë in Behandlung sind und sie missbrauchen, die sie brauchen, an Gradiva ranzukommen, sie als Trittleiter missbrauchen, langen, die Gradiva herzuzerren in die Sphäre der negierten Möglichkeit, um sie in ihrer Geilheit zu besudeln mit ideenlosem Leiden. Dem, befürchtet Hanold, wird Gradiva sehr zu Unrecht ausgesetzt. Denn es ist therapeutisch zugelassen, dass Patienten eine Vorstellung erwerben, wer die Therapeutin ist und nicht ist. Zoë lässt das zu, sie trägt die Uniform des Heilens, die verhüllt und offenbart und eine Form von Nacktheit ist, Verschlüsselung des Wirklichen, Zurschaustellung der Möglichkeit. Er klettert weiter.

Oben auf der Treppe wartet Zoë, isst ein Butterbrot und winkt ihm. Hanold merkts mit Staunen, setzt sich neben sie. Sie isst, er sitzt und weiß nicht weiter; weiß nicht, was zu sagen ist. Am Ende fragt er: –Und, bist du allein?

Sie kaut ihn fragend an.

Er muss erklären: –Ich an deiner statt... mir segelten die Krankenakten durch den Kopf, das ganze Elend, voller Randbemerkung, schrecklich durcheinander...

–Eifersüchtig? Zoë schnappt nach einem Krümel, der entkommen will. –Das musst du auch, ich hatte grad ne junge Frau, die immer aggressiv ist, jedes Wort ein Giftpfeil. Siehst du nicht die Wunden? Zoë deutet mit der Stulle ins Gesicht, ein Käsestreifen winkt und zappelt. Hanold folgt dem Käsestreifen, grimmig, gibt sich Ansehn, dass er das beenden werde.

–Ist schon gut, du Finsterling, kannst froh sein, dass ich da bin... Sie verschluckt etwas, hält inne, prüft erschrocken sein Gesicht, dann setzt sie nochmal an: –Jawohl, mein Hanold, ganz allein, und jetzt bist du bei mir, die bösen Kranken fort, geflohen wie Gespenster. Zwischen den Patienten, weißt du, ob nun zahm, ob aggressiv, kommt mir doch manchmal der Zusammenhang abhanden... ist dann beinah angenehm zu denken, wie du mit Gradiva rummachst.

Hanold beugt sich vor sie, küsst sie, ungelenk, mit größter Vorsicht wie ein ganz, ganz junger Narr.

Sie schnurrt, sagt: –Hmm, das galt wohl beiden. Immerhin, na schön, ich danke für die Blumen.

Hanold findet etwas Sprache. –Schön, sagt er, –hier mit euch beiden, schön. Er wartet ab. Das schlug nicht ein. Dann fällt ihm auf: –Und wenns dir reicht mit ihr und dem Zusammenhang, wenn du genug hast von Gradiva, beiß von deiner Stulle ab. Im Kauen bist du dir so selbstgegeben, bist mit solcher Allgemeinheit du... er sucht nach Worten, Bildern, die nicht stören, was er denkt, –Gradiva wandelt einsam durch Ruinen, Kreuzberg, Spree-Pompeji, alles längst versunken, was mal Kreuzberg war, Gradiva schreitet durch Oranienstraße, hinkt, Touristen sehn sie nicht...

–Oh ja, mein Hanold, du und ich, Touristen.

–Aluminiumfressen! Hanold stutzt.

–Wir kennen ihn nicht mal, sagt er, ganz leise, monoton, als spräche er zu Publikum, –den Mensch in seiner Möglichkeit, und können ihn nur träumen. Alles, was wir sehen, ist nur Wirklichkeit, Vergaffung ins Subjekt, der Mensch – konkret – in Not. Und weil es, ringsum Zwang und Not, nicht ohne Freiheit angehn mag, verlegen wir den Willen in ein Zwischenreich des Unbewussten, noch zur Wirklichkeit gehörig, noch bei voller Negation der Möglichkeit, und dennoch heimlich und verborgen. Zwang und Not stehn im Ornat, doch so verdreht ermächtigt, dass dem Willen Spielfeld im Obskuren bleibt. Zum Schein, zum Schein nur. Wahrhaft Wille, Wille, der Entscheidungen vorausgeht, folgt der Möglichkeit, die er nicht zwingen kann, man weiß nicht wie; er kennt sie nicht und folgt ihr doch, als rieche er die Spur der Negation. Darum ist Wille Schicksal, aber alles, was noch Gründe kennt, bleibt Wahn und leer. Allein der der Wahn im Willen dringt auf Gründe, er entscheidet sich zu Gründen, zerrt noch Willen in den Wahn, den reinen Willen, der nicht angewandter Wille ist. Denn Wille gründet auf Entscheidung; auf Entscheidung, die unfassbar ist.

Er fährt herum, ein Leuchten im Gesicht, und sieht gespannt auf Zoë hin. Sie hat das Kauen eingestellt und sagt: –Bin satt. Er lächelt knapp: –Mal angenommen – denk´ es dir – auf meiner Nase säße eine Wespe, und du wolltest sie verscheuchen... nein, wart ab! Bewusst und willentlich, nicht einfach so. Wart ab, bis du entschieden hast: Jetzt muss sie weichen, jetzt!

Sie warten ab.

Nicht lange, Hanold triumphiert! –Du kannst es nicht, du kannst es nicht entscheiden, alles weicht vor dir zurück, die Gründe, Überlegung, Anstrengung des Wollens, alles weicht vor dir zurück, du bleibst gelähmt, bleibst wie im Traum, willst scheuchen, kannst es nicht: Ich warte noch, jetzt gleich, im Augenblick... Du kannst sie nicht verscheuchen, bis du nachgibst, es zu wollen; bis du deinem Willen freistellst, auch sich selbst zu wollen, deine Möglichkeit die Hand dir führen lässt, Gradiva, über alle Gründe hin...

Sie patscht ihm ins Gesicht. –Verzeihung, ausgerutscht, kann nichts dafür.

Sie wartet ab. Er schweigt. Er nickt und lächelt siegessicher: –Ja genau, genau, ich sag es ja.

–Und ich sag auch was, Kerl, ich sag: Du bist doch offenbar verrückt!

Sie sagt es fröhlich, eingenommen. Zoë mag Verrückte, die abstrakt sind. So abstrakt Verrückte werden nicht verstockt, sie bleiben nett und umgänglich, und manche taugen gar zum Fetisch. Nicht? Man muss sich halt begeistern können.

–Apropos, sagt sie, –jetzt zeig mal, wie du küssen kannst, da hinten kommt ne Freundin, nirgends ist man sicher. Hat ´n neuen Freund und nervt, tut schwer verliebt, schwärmt rum, das muss man bremsen.

Hanold sieht sich um, er sieht das Pärchen aus Café und Büchersaal.

Nur Augenblicke später ist ihm unklar, wie er hier davongekommen ist, er findet zu sich, wie er abwärts stolpert, langer Schritt in steilen Kurven. Auf der Flucht mit steifen Knien. Er macht die Sache kurz und fragt nicht lange, welcher Dämon ihn besessen, stellt nur fest: –Sie hat wohl recht, ich bin verrückt. Und er beschließt, beim Alkohol an anderes zu denken.

Zoë bleibt zurück, wird zum Gespräch gebeten ohne Gnade. –War das nicht dein Freund, heißt es.

Es heißt: –Der sagenhafte Doktor aus dem Dorf?

–Warum schickst du ihn weg, heißt es, –wir hätten unsre Männer mal vergleichen können!

Und so weiter: –Ihr kommt auch so gern hierher?

–Man sieht die Stadt so schön, nicht wahr?

So wird sie angegangen, endlich küsst das Pärchen sich. Und Zoë neidet Hanold seine Flucht. Sie konzentriert sich, findet den Gesellschaftston und spannt ein Lächeln auf. Sie lächelt. Kontrolliert entgegnet sie: –Oh nein, ich komme gar nicht gern hierher, ich komme her, weil gleich da unten, ein paar Häuser weit, mein Lehrer wohnt, der große Bertgang, Analytiker, der lehrt mich, wie man Lahme wieder gehen macht. Und zweitens komm ich her, weil Hanold herkommt. Hanold schätzt den Ort für Geistererscheinungen, er feiert Sitzung hier und wird ganz komisch, wenn ihn Geister von der Seite her bequatschen, wie ihr zwei grad. Geister akzeptiert er nur, wenn sie die strengste Allgemeinheit wahren; wenn die apodiktische Gewissheit seiner Geister nicht vermüllt mit profanierter Rede. Denn der Mann ist ziemlich trinitarisch im Gemüt, das macht die Sache interessant, er will sich selbst Geschöpf und Schöpfer, Richter sein. Nun ja, genau verstanden hab ichs nicht, und darum muss ich weg, um das zu klären, Genealogie heißt die Methode, auf ein andermal, die Analyse wartet, streng und weise ist mein Lehrer, will Person und Schatten noch in lauter Abstammung zergliedert wissen, sehr verdreht, ich muss mich tummeln, holla!

Zoë lässt die beiden stehen, eilt die Treppe runter, quer durch eine Wiese. Außer Sicht, sobald sie unter Bäumen ist, verlangsamt sie den Gang. Jetzt fällt ihr ein, dass sie nicht gar so sehr in Eile ist. Der Park ist hübsch, sie läuft ein wenig hin und her, gleich dreimal quert sie diesen Bach – wie immer man dies Wasser nennen soll. Am Ausgang setzt sie sich und raucht. Großbeerenstraße flimmert vor ihr, Staub und Hitze warten, und am Ende eine Stunde auf der Couch, die Lehre. Schon zwei Stunden hat sie heute selbst Patienten auf der Couch gehabt, doch ihre Lieblingskrankheit, Flucht, war nicht dabei, Zerfall des Menschen in Reflexe, tausende: Nur weg! Und Hanolds Flucht war auch nicht echt, nur weise, höchstens wunderlich. Hat ihr den Kuss verweigert, rachedurstig setzt sich Zoë vor, die Untat ihrem Lehrer anzuzeigen.

Ja, Verrat! Zufrieden mit dem Vorsatz stellt sie sich der Sonne, kämpft sich die Großbeerenstraße lang, durch flimmernd heiße Mittagsluft. Vielleicht, denkt sie, muss ich nur anders laufen, dass es leichter geht. Jetzt setzt sie vorn den Fuß gleich platt zu Boden, hinten hält sie lang den Winkel... und ihr Gang wird weicher um die Knie, wie schwebend schiebt sie sich voran, die Muskeln spannen anders an, das ist viel leichter und viel schwieriger zugleich – und eines allemal bewiesen: Die Gradiva hinkt nicht! Leichter Trab, ein weicher Laufschritt ist ihr Gang, ein Schieben aus dem Oberschenkel. Zoë war ja immer gegen Hanolds Theorie: Gradiva hinkt! O nein. Sie schwebt, mein Freund, wie unverschämt von dir, das zu verkennen. Und bezeichnend! Zoë muss das gleich auf Krankheitswert hin prüfen. Unverschämt und krank: Sie hinkt! Und überhaupt: Was würde er wohl sagen, wenn sie ihm, wenn Zoë Hanold so ein ideales, ausgedachtes Selbst verpasste, was? So ein lateinisch Bürschchen, so ein Knabe, für die Lust geschaffen, schwarzes Haar... Und, ist das vielleicht angenehm? Nun immerhin, gibt Zoë zu, sie hat dafür ja Analyse, wenn auch nur zum Lernzweck, das bleibt einerlei. Da spricht sie viel und offen über Hanold, und das weiß er, fragt nichts, lässt es zu, dass seine Existenz dort stets mitangeleuchtet wird. Da ist er brav, so mag er halt Gradiva haben, sich an Spinnereien laben, dieser Pornograph... Gradiva hinkt, das ist doch pornographisch! Ach, die arme Frau… komm du mir in die Finger, Freundchen!

Hanold hat den Nachmittag nicht klug verbracht. Im Park hat er gesessen, neben der Figur, der Zoë mit dem Kindchen, hat getrunken. Wechselhaftes Wetter ist ihm durch den Kopf gezogen, Hanold hat im Wolkenbild gelesen – mit dem achtbaren Erfolg, dass ihm nun mehr als je verschlossen bleibt, warum ein Mensch er selbst sein muss: Warum denn ausgerechnet er? Warum nicht mehr nach Möglichkeit? Als wäre Wandertag und alles unterwegs ins Grüne, schnauft der Mensch im Gleisbett der Notwendigkeit – und pfeift noch Wanderlieder, statt von Weichenstellungen zu träumen, singt daher: Ich wollte schweben können, schweben, ja, das wollte ich, wenn ich nur wollte. Valleri und Vallera!

So produziert man Darmwind. Hanold denkt: Igitt. Dabei: Je mehr so einer frei sein will und seinen Willen haben, desto inniger hängt er an dem, was er geworden ist, dem Negationen-Ich, der Zeit-Gestalt. Ja, wenn man sich bestimmen ließe, gäbe man der Freiheit Möglichkeit. Doch Pustekuchen, unstet, zwanghaft wandelt man hienieden, betet einen Willen an, der alle Möglichkeit erwürgt. Was bleibt, sind Fahrplanexistenzen, grimmig und verschlossen, weil doch nichts nach Willen geht.

So hadert er, mit sich, mit Zoë, hadert, trinkt, und nur für Augenblicke sonnt er sich in Glücksmomenten, gibt sich Freude hin... und gleich zieht alles wieder zu. Ein wechselhafter Nachmittag.

Der Abend sieht ihn schwankend, von der U-Bahn zieht er Schlangenlinien durch die Dresdner Straße. Gut erhaltnes Kreuzberg hier, zur Linken wie zur Rechten, Altbau, Charme und wohltradierte Laune. Gradeaus der Neubauriegel, schnellverrottetes Gebirge, dessen Gipfel in den Zeitlauf ragen und den Schatten nur von Dauer auf die alten Häuser werfen. Hanold schwankt auf diesen Riegel zu, er zieht ihn an, so klotzig töricht und vermessen, Bauwerk, das nicht altern kann, nur gammeln: Weil es Wille ohne Absicht ist, ein Darmwind, trotzig und vulgär der schönen Möglichkeit, der Kunst ins Angesicht geblasen. Hanold weiß dort eine Höhle, ganz dort unten, tief, da hat sich wie zum Hohn noch eine Bar in das Gebäude eingenistet, sehr beliebt beim Hochglanzpublikum, sie bietet Bier und Trost und Exzeption. Er findet einen Fensterplatz, das ist ihm recht, da hat er Aussicht und bleibt grabesartig abgewandt vom Publikum, der Lärm um ihn erstickt zu atemloser Stille. Nebenbei: Er kann sich halten, fällt nicht um. Und plötzlich muss er lachen, hat Erkenntnis. Hanold fällt was ein: Er war gewohnt, von sich zu denken als dem heiter unbeschwerten Menschen, der, umringt von Griesgramen, Hysterikern, ein einzig einsamer Berufner sei – mit ausgeglichenem Gemüt, mit Weisheit in den Knochen und Gelassenheit im Muskel. So war Hanold, als er einsam war. Nun kommt das Glück in lieblicher Gestalt – und hext ihm einen Bocksfuß an von übler Laune. Kaum passiert ihm überhaupt so etwas wie Geschichte, muss er missvergnügt erkennen: Das nimmt nicht den Lauf, den er wohl will... ganz richtig: Den nicht, den er will. Das

Hanold, ihm! Mehr braucht es nicht, schon hinkt er fauchend wie ein Satyr durch den Plan und drängelt die Geliebte von der Bahn, weil er im Traum sie sich noch schöner ausgedacht – nicht schöner, unbestimmter! Hadert nun, warum der Traum nicht wirklich werden wollte! Ha.

Vernunftgebrauch des Fauns, verhöhnt er sich, nippt sieghaft seinen Schnaps. Und er verschluckt sich. Jetzt mit einem fällt ihm wieder ein, wie tief er im Schlamassel steckt, wie wenig willkürlich das Rätsel bleibt, auch wenn er es aus Unverstand erst selbst erschaffen hätte. Zu verworren, ungelöst ist dieser Knoten, als dass Hanold sich beherrschen wollte, ihn zu lassen. Immer liegt ein Ende da, gedankenlos gegriffen, Fingerspiel – und schon verstrickt. Verworren. Immer wieder sieht er aus dem Fenster, immer wieder, denkt er, wird Gradiva auferstehen, sie – mag sie erneut und wieder neu begraben werden, tief im Aschenregen des Tatsächlichen, sie aufersteht der Vorstellung.

Weiß ich denn, denkt er, wer und was ich morgen bin, dass ich schon heute bellen könnte: Lass sie ruhen, Hirsch, beherrsch dich, nein!

Und gleich, als gäb es da was zu beweisen, sieht er die Gradiva sich im Fenster spiegeln: Da. Gesetzt, Visionen sollten geometrisch sein, denkt Hanold, müsste er sie hinter sich vermuten: Dort. Das Fenster zeigt ihr Bild auf einem Barhocker, Gradiva sitzt und schlenkert mit dem Fuß – es kommt ihm vor wie Augenzwinkern. Sie, Gradiva, sitzt und zwinkert mit dem Fuß, nicht lustig oder einverständig, nein, das Zeichen ist von hohem Ernst, gewichtig, oben lächelt sie, und unten wippt der Fuß – im Ganzen eingekehrter Wille, in sich eingekehrt zu wissen… und sie mustert Hanold in der Scheibe. Nicht direkt, sieht ihn nicht an, das ist sein Spiegelbild, ihr Blick macht kehrt vor ihm, ihr Blick auf ihn macht vor ihm kehrt. Jetzt klopft sein Herz, er sucht, durchs Bild hinauszublicken auf die Straße, im

Hindurchsehn mehr zu fassen. Jemand spricht sie an, sie wendet sich ihm zu und gibt ihm Antwort, das ist möglich, aber nur, falls dieser Andre wie Gradiva Hanolds Einbildung gehorchte. Andre aber als Gradiva stellt er sich nicht vor, und aus Prinzip, das wäre ekelhaft, das wäre abgeschmackt. Er ist schockiert ob des Verdachts, den er da vor sich vorgebracht. Er wünscht zu gehen. Hanold wünscht durchaus, nicht länger hierzubleiben, unschön ist der Ort, fatal, er will hinaus, so eine Höhle! Hanold sucht vom Hocker abzusteigen, ohne dass er umfällt – weder Hanold noch der Hocker, nichts soll fallen, nichts, kein Bier verschüttet werden, nun, ein wenig höchstens, dunkles Ritual, zum Opfer sei der Trank hier frisch versprengt der…

Hanold in der Tür. –Im Regen wirst du auch nicht nüchtern! Ist das Zoës Stimme? Kaum, das wüsste er denn wohl, so ist nicht ihre Stimme. Übrigens, es regnet. Das hat er noch nicht bemerken wollen, dabei ist die Wetterwolke außerordentlich, er sieht nur einen Ausschnitt aus der Höhle, schade, gleichwohl herrscht sie ganz in aller Szenerie. Kreisrund und schwarz schiebt sie von Ost, nach unten stechen Wolkennadeln, Ränder hängen ausgefranst herab, und alles an ihr will sich auf die Erde stürzen, auf Lebendiges – nur Blitze nicht, die wetterleuchten irgendwo im Schwarzen oben, wo es flackert, rummst und grollt. Und Regenstürze. Einen Augenblick spürt Hanold Furcht, halb Ehrfurcht, dann keimt Zorn. Dies Wetter ist zu lehrbuchhaft, Naturgewalt schematisiert, ein Zeichen für die Zeichendeuter, leseschwache Trottel.

Hanold dreht sich zu ihr um, er stammelt: –Regenwolke, ja! Der Regen wäscht die Straßen rein… Er denkt: Der Regen putzt das Hirn. Er denkt: Ich bin ein Trottel, lächerlich. Das ist ihm unbequem, ein Trottel, lächerlich zu sein. Zwar, lächerlicher wärs, das Gegenteil zu sein… Beängstigend, wie wenig

Zoë Zoë ist, sie bleibt Gradiva, ob es pladdert oder gießt. Er bleibt, entfernt sich kleinlaut von der Tür.

–Entschuldige, wir wurden unterbrochen, sagt sie. Zoë spricht so eingekehrt, empfindet er, gewillt wie die Gradiva, –wo sind wir noch stehngeblieben? Ja, ich weiß wieder, ich musste dir wohl eine langen, um was zu beweisen, was du sagtest. Nur was war das gleich?

–Um dir den Willen auszutreiben! Kehraus unter Götzen! Hanold rettet sich in Abstraktion: –Dein Wille, wie du willst, ist nichts als atemloser Schaukampf mit den Parzen, ein Disput vor Publikum, es spricht das Schicksal, nun der Wille, und der Moderator tut, als gelte es die Weihnachtsgans: Was isst man schicklich, Keule oder Brust? Denn eins ist alles. Nein, da macht man sich nur lächerlich, selbst wenn man Sieger bliebe. Wille macht zur Witzfigur. Wer weise ist, lässt zu, dass etwas wird, er muss nicht wollen, nur entstehen lassen. Das ist Haltung. Flirt und Tändelei mit Erstursachen. Alles, was mir zustößt, wird von mir geprägt, empfängt das Siegel meines Geistes, meiner Ordnung und Beschaffenheit, ich präge mein Gesicht in jedes Schicksal, was auch kommen möge. Was will man denn mehr? Was wollen obendrein? Nein, Wille ist nur Trotz im Lieben, geistig Güter lassen sich nicht trotzen, Eigenheit erschafft sich nur aus Preisgabe. Das zeigt die Hand, die du mir ins Gesicht gelegt, das war so ungewollt wie aller Anfang, deine Geste hat sich dir geschaffen, und der Schlag hat ungeschlagen sich von dir befreit.

Er fühlt sich elend, Schlamm im Kopf. Wenn die da, denkt er, vor mir… wenn sie Zoë ist, dann sagt sie jetzt Lebwohl, und dass ich mit der Möglichkeit recht glücklich werden soll. Und gute Reise…

Zoë ist nicht Zoë, nachdenklich setzt sie sich hin, lässt Hanolds Worte sich erweisen – wenn sie wollen. Und das dauert einen Augenblick. Dann klärt sich etwas und sie sagt: –O nein,

nein, Wille ist der Sohn des Sprechens, Hanold, nicht des Denkens. Denken impliziert den Widerspruch, und nur das Sprechen räumt ihn aus. Denn nichts, was mal gedacht ist, wird nicht andersrum gedacht. Nein, Sprache ist der Vater des Gedankens, klärt den Widerspruch und drängt ihn zur Entscheidung. Sprich und wolle – oder denk und bete.

Hanold denkt und betet Zoë an. Er wollte sich ihr unterwerfen, demütig, er wollte ihrer Meinung sein, er wollte abfallen von sich, um ihr die Ehre zu erweisen – wenn er denn erst wüsste, ob nicht Zoë seiner Meinung ist? Es stellt sich jetzt heraus, dass Schlamm im Kopf als Denkorgan nicht taugt. Vielleicht, dass sie dasselbe sagt wie er?

Ach nein, wohl kaum: –Wie kommt es denn wohl, dass du immerzu mich mit mir selbst entzweist? Und mir Gradiva vorsetzt? Das ist keine Kleinigkeit, wie kommts? Du bist kein Tatcharakter, Hanold, sprichst nicht und bekennst dich nicht – zu mir, warum nur nicht, das ist doch wider dein Bekenntnis? Was, verdammt, was fürchtest du, wenn nicht, dass ich auf meiner Existenz des Zufalls buntes Fähnchen hisse? Und damit auf deiner! Das jedoch, das willst du nicht, entgegen deiner Schicksals-Rede, bist voll Argwohn gegen meinen Willen, du erfindest dir Gradiva, lässt sie wollen, was sie wollen will, und diese Doppelung von Willen, dies Gespinst wirfst du als Fangnetz auf mich nieder, dass ich mich verfange und gestehe, was dein Argwohn ist: Dass ich nur will, was, wie ich glaube, auch gewollt zu sein gefordert ist! Da haben wir den Kern, mein deflloriertes Über-Ich, du Bürgersöhnchen fürchtest doch in mir den Spuk der Kollektive, sozialistische Maschine, diese liederliche Puppe Nicht-Ich schmiegt sich an dein Erbe, tut recht seelenvoll und jungfräulich. Das ist doch Schwindel, denkst du! Wirfst dich in die Arme der Gradiva. Das ist Möchtegern-Psychose, Liebster, Bastardkind von Halluzination und

Projektion, du glaubst nicht, wie mein Analytiker sich freut, wenn ich von deinem Wahn erzähle!

Hanold lauscht mit Neugier und Erregung ihrer Strafpredigt. Es wundert ihn, dass er nicht klein mit Hut Vergebung fleht und schaudert über die Gefahr, der Schaukelflug des Denkens könne allzu unbemerkt das Gute, Böse divertiern. Im Gegenteil, er fühlt sich kräftiger und klarer, jedes ihrer Worte nimmt ihn ein und bohrt ihm eine Frage ins Bewusstsein: Wie sie es dann schafft, die Autos anzuzünden? Das ist viel zu kompliziert, als dass man es entscheiden könnte! Also macht man einfach und sagt Gründe! Sie zumindest, Zoë, deren Wille einer andern Sphäre angehört als der Gradiva Wille. Wille, der sich nicht vollzieht, der Anwendung verweigert, Wille, der als Anmutung empfunden ist, sich in der Anschauung zusammenzieht: Gewollt zu haben werden, was nicht nicht zu wollen war; zu dem Gefühl von Größe, von Erhabenheit und Größe: Schön und groß, gewollt zu haben! Leider macht die Unterscheidung solcher Willenssphären viel kaputt, so unbemerkt – verleitet gar zu Diagnosen über Eintrübung des Geistes…

–Hab ich dir, fragt Hanold, –von dem Traum erzählt, wie du und die Gradiva Autos brennen?

–Ach, das war jetzt doch ein Traum? Ich dachte, bloß so eine Vorstellung, nur reine Phantasie? Ein Denkversuch!

–Ei, was auch immer. An dem Traum war etwas Widersinniges, das ich genossen habe. Denn das ist es, was die Träumerei unwiderstehlich macht, dass sie durch ihren Widersinn die Möglichkeit verherrlicht, ihr ein buntes Leben gibt und nicht mit Wahrheit, Zwang und Not besudelt. Nur, ich dachte, widersinnig daran sei, dass die Gradiva Autos brennt! Das ist der Irrtum. Wie viel widersinniger, dass du es tust! Aus freiem Willen!

–Auch schön, deuten wir jetzt Träume? Das ist leicht. Das Naheliegende – das hatten wir ja schon – wär Projektion:

Gradiva ist geschaffen, um der Forderung an mich mehr Nachdruck zu verleihen, deiner Forderung: Sei bürgerlich, wirf Kinder, viere an der Zahl! Na schön. Und wie wärs damit? Die Gradiva ist ein Mutterarchetyp! Den lässt du mit mir konkurrieren, bis wir schlaff uns in die Arme sinken. Einswerdung, sehr spannend. Oder so: Sie ist ein Schattenarchetyp, auf den du projizierst, wie wohl die Frau beschaffen wäre, die du haben musst, wenn du erst der bist, der du werden willst. Wie ist das? Das wär was für Bertgang, mein Professor würde dir, wenn er das hört, gedachte Kindeskinder deiner selbst verschreiben, du wärst Vater deiner Schatten-Ichs im Stammbaum deines Selbst, du wärst nicht Hanold, sondern Schatten-Hanold, während der im Licht mit der Gradiva schreitet! Na, so weit will ich nicht gehn, das wär ne ausgewachsene Psychose!

Hanold, keck durch so viel Weisung, fühlt sich aufgelegt zur Gegenrede: −Was, traktierst du meine Träume mit Symbolen? Und das soll nicht Abwehr sein? Nicht unerlaubt? Du projizierst Bedeutungsziele ins Symbol, den Archetyp des Zeichenhaften, das man nur verstehen muss und geistig fassen. Du wehrst ab, dass alles Zeichenhafte seine Deutung in sich einbehält. Denn nur im Traum erkennst du, was der Traum alleine ist, Vertretung einer Wirklichkeit, nicht ihr Ersatz! Phantasmagorisch ist erst ihre Deutung! Deutung konstruiert etwas, von mir aus mag es sogar wahr sein, jedoch fasst sie nicht, erfasst sie niemals, was den Traum bedeutend macht: Die absolute Wirklichkeit des Möglichen. Im Gegenteil, es tötet sie. Ihr meine armen, vergewaltigten Symbole! So entwertet man den Traum, dass er für nichts mehr einsteht, nur Ersatz von etwas ist, die Sache selbst, die man ihm angetan. Der Traum ist schuldlos, bitte, lasst das Deuten!

–Ach, du bist ein Pinsel, Hanold, das ist ungezogen: Niemand deutet Träume, und die vergewaltigten leg ich mir nicht erst auf die Couch, die hol ich mir ins Bett!

Sie wird jetzt ungnädig, trägt Zweifel im Gesicht, und grimmig schnappt sie Hanolds Glas: –Na, zugegeben, viel zu Viele von uns deuten Träume mit dem Traumvokabelheft. Das ist nun mal der breite Pfad, der leicht zu laufen ist. Der schmale, enge, steile ist darum nicht aus der Welt. Den gehen Wenige, und wer ihn wählt, denkt anders. Nicht den Traum, den Träumer soll man deuten! Deuten nicht Symbole, die Geheimnisse bedeuten, sondern Zeichen, die auf Fragen weisen. Willst denn du mich lehren, dass mein Unbewusstes kein Verschwörer ist? Willst mich das lehren? Wofür, Teufel, hältst du mich?

–Ich schweife ab, sagt Hanold, trauert um sein Glas in Zoës Hand, –mir fällt nur Plato eben ein: Der fand es brav, die Mythen mit Vernunft zu deuten, aber etwas mühsam für den Hausgebrauch – bei all dem Mythenvolk! Und Mühe macht das Denken wenig zierlich, damit taugt es nicht zum Weisheitsbrauch. Solange man sich selbst nicht kennt, hat man was Besseres zu tun.

–Jetzt wirst du auch noch frech? Ja, sitzt du auf den Ohren? Nein: Wir deuten nicht die Träume, deuten uns als Träumer, die die Träume deuten!

–Bah, da sitz ich gerne auf den Ohren. Was ihr macht, gelehrte Freundin, ist zu wenig und zu viel: Sieh her, in mein Gesicht, was wollt ihr darin lesen? Mein Gesicht ist nackt, es ist ja nackt, was soll ich darin lesen lassen? Es ist nackt. Die Deutung übersieht die Gegenwart, das stille Dasein des Bedeutenden, sie leugnet seine Scham und herrscht es an: Enthüll dich, lass das allegorische Spektakel!

Zoë, plötzlich milder, atmet tief und trinkt und spricht. –Ja, dass das Zeichen in sich einbehält, was es bedeutet, geb ich zu. Doch drängt es dich, das Einbehaltne auszudrücken. Selbst wenn du den Traum vergisst, bestehen seine Zeichen fort, und eins gebiert ein anderes, und wieder drängt das Einbehaltene zum Ausdruck. Unbewusstes will Bewusstsein. Denk mal an: Schon wenn du dich entsinnst, im ersten wachen Morgenlicht, was du geträumt hast, wagst du den Versuch, obgleich du noch am Abgrund tiefster Bilder schwankst, das Einbehaltene sich ausdrücken zu lassen. Wie viel mehr im analytischen Gespräch. Nichts anderes ist Traumdeutung. Wenn ich denn sage: Traum bedeutet – mach ich einen Vorschlag, wie das Einbehaltne auszudrücken sei. Ob dieser Vorschlag Gültigkeit erheischt, ist Gegenstand des therapeutischen Gesprächs, Patient und Therapeut im unvermittelten Diskurs, ob man sich einig wird, dass implizit im Bilderwerk der Träume die Erzählung steht, die explizit verstanden werden könnte. Traum bedeutet, nicht weil seine Bilder einen Code bedeuten, den man dort versteckt hat, gar das Unbewusste, das in Reimen, magisch, dichtet; nein, ein Traum bedeutet, weil ich mit der Deutung etwas sagen kann, was ohne Traum nicht sagbar wäre, noch nicht mitteilbar, und nicht verstanden werden kann. Ob die geträumte Schlange ein Symbol für etwas ist, hängt davon ab, ob dies Symbol auch praktisch so verstanden wird; ob ich Bedeutung richtig deute, hängt daran, ob sie verstanden wird. Bedeutung wird behauptet, hinterfragt, verworfen und erneut behauptet. Das ist Deutung. Sprechen über Namenloses. Sprechen über namenlos Bewegtes. Das Bewegende.

Nicht triumphal im Ausruf endet sie, der letzte Satz ist müde ausgehaucht, ist atemlos, schon flehend. Zoë ist erschöpft, sie sieht ihn an und forscht, ob sie noch weiter sprechen muss. Am Ende seufzt sie, rafft sich auf.

–Du aber, Hanold, sagst mir deine Träume, schilderst mir Gesichte, lebhaft senkst du, was dich umtreibt, tief in meinen Sinn – und willst doch alles unverstanden wissen; lässt mich sehen, aber wenn ich sprechen will, heißt es nur kurz: Das ist abstrakt, das kann nur ungedeutet angesehen werden. Der Diskurs wird abgesagt, Herr Doktor Hanold referiert nur, grüßt und weg ist er. Da steh ich dann, allein mit der Gradiva, dieser namenlosen Neufassung von mir, und diese Neuausgabe, durchgesehen und verbessert, soll ich nicht verstehen und benennen wollen? Sie nicht deuten?

–Und vielleicht... – sie setzt neu an, –vielleicht hast du ja recht und brauchst so eine Neuausgabe. Ja, man müsste wohl tatsächlich viel verbessern. Wenn ich beim Professor war, bei Bertgang, bei der Analyse, ist es grad am schlimmsten. Dann am Ende steh ich auf der Straße und bin alles außer ich. Fühl mich nur vage, unbestimmt, aus tausend Splittern muss ich mich zusammenziehn, aus Spuren, undeutlich, zusammensuchen. Und nun du, kommst an und sagst, was ich für Spuren hielt, sei nur die Wirklichkeit der Möglichkeit, die Spur nicht zu dem wahren Ich – zu irgendeinem andern. Baust vor meinen Augen aus den Splittern meines Ichs Gradiva, leuchtend schön, die Nicht-Ich ist und doch notwendig ich? Was willst du mir beweisen? Dass die Welt ein Ende hat? Dass überm Himmelszelt der Schöpfer wohnt? Dass ich nicht ich bin, bis mein Wille endlich dazu schweigt? Ich will nicht ich sein, wenn ich mich nicht wollen kann, und wenn die Träume nichts bedeuten, bleibt mein Wille stumm!

Jetzt triumphiert sie doch – und schiebt gleich noch ein Sätzchen nach, das sie sich erst verkneifen wollte: –Du, mein Hanold, siehst mich nicht. Vor lauter kosmologischer Ideen siehst du den Wald vor Bäumen nicht, siehst nicht in mein Gesicht. Du solltest dich zusammentun mit dem Professor, der mich teilt in lauter Abkunft von mir selbst... er malt den Stammbaum meines Ichs, und überall, wo Traum auf Deutung trifft wie Mann auf Frau, wird rumgemacht und schwups sind Kinder da, erst zwei, dann drei, dann viele, lauter neue Ichs, die malt er als Symbol-Embleme in den Stammbaum, sehr, sehr hübsch. Vielleicht lässt du ihn die Gradiva sehn? Er malt, du träumst, und ihr befruchtet euch gewaltig! Nein, wird das ein Feuerwerk! Du findest ihn in Kreuzberg irgendwo, er läuft herum und zeichnet Straßenschilder…

–Das ist der Professor? Hanold kennt ihn gleich. –Und malt auch Stammbäume des Ichs? Nicht nur der Straßennamen?

Zoë nickt.

–Dem bin ich erst begegnet, hielt ihn für verrückt…

–Ich weiß, und er dich auch. Hat dich aus meiner Schilderung erkannt. Du dachtest wohl, du könntest unerkannt hier rumspazieren…

Hanold staunt Gradiva an, starrt aus erkenntniskleinem Auge hin auf eine Differenz, die sich erhöht hat zum Identischen. In jedem Zug von ihr erkennt er Zoë, anerkennt die Ahnin, Kameradin seines Traums, in Zoë, die die Füße schlenkert, sieht in ihr Gesicht, durchwirkt vom Erbe ihrer Möglichkeit, Gradiva, leuchtend schön und ganz und gar, nun da Gradiva in ihr abwesend bestimmt geworden, Zoës Ahnin, deren Existenz verschüttet liegt im Staub der Möglichkeit, den Zoë von sich abwusch, als sie wurde, Zoë, die im Leben Glänzende, lebendig schreitend, Zoë; die Gradiva, im Verborgenen geblieben, während Zoë aus dem Material sich schälte zur Gestalt, im abgespaltnen, weggespellten Material versammelt, grob geschichtet, tief vergraben wie der Zufall will, dass Zoë werden kann, ergänzt zum Ganzen, leuchtend schön. Zutiefst beschämt irrt Hanold zwischen Zoë und der Fensterscheibe hin und her, ein halber Schritt nur, wendet sich und wendet sich, die Bahn ist kurz, zu kurz zur Reue, draußen Regen, Wolkenbruch, und wenn man doch im Regen reiner werden kann? Nur reiner denken, während das Gesicht aus Zubern übergossen wird? Er stürzt zur Tür und in den Regen, schämt sich doppelt, stellt sich in den Guss. Nicht sozusagen allzumenschlich hat er gegen sie gefehlt und Scham verdient und Schande, hat auch geistig sich vertan und schämt und grämt sich fast noch tiefer über seinen Irrtum als die Schuld, und schämt sich, dass die Schuld noch jetzt nicht obenan steht in der Scham. Und Sakrament! Worin er geistig gegen sich gefehlt, war auch gefehlt mit Voransage! Potz, ein Blinder kann nicht stolpern über diesen Stolperstein, sofern er sich vom Blindenhund des Denkens, der Kritik, am Gängelbande führen lässt, verteufelt, er, der auf sich hält, wie einer auf sich halten kann, bemerkt sich so ins Antinomische verstiegen – wie ein Bauernjunge angelockt vom Irrlichtflackern der Begriffe, halb schon im Morast des reinen Denkens eingesunken, staunt er der Gradiva Geistertanz im Moor wie Ballgeschehen an, illuster, prächtig, während Zoë sich im Trachtenkleid der Abstraktion am Dorfplatz härmt, statt dass er stolz mit ihr im Arm… wohin auch immer schritte.

Zoë folgt ihm zwar, begossen steht er, atmet, trinkt von seinen Lippen, steht verschratet, weiß nicht wie noch was.

–Schon gut, sagt sie, –du bist einmal Bourgeois, hast Christentum geerbt und was nicht noch. Da muss ich arme Heidin mich entscheiden. Will ich einen Märchenprinz? Verrate ich das Proletariat? Dann muss ich vor dem Auferstehen erstmal sterben, nicht? Das scheint so üblich, immerhin.

Und immerhin, denkt Hanold, Strafe hab ich wohl, nur grad nicht die verdient. In seinem Schädel regt sich wieder was.

–Wie du so dastehst… Hanold spricht versonnen, langsam, tastet mit Genuss nach Worten, –wie du dastehst, Zoë, Regen fließt dir ins Gesicht, rinnt dir die Beine runter in die Schuhe, wie du dastehst, Zoë, jeder Wimpernschlag Belang und jede Geste morgendlich, erkenne ich dich wieder, Zoë, nicht wie ich dich früher sah; erkenne dich als die, als die ich dich längst kannte, nur nicht wiederkannte, denn…

Er stockt. –Verzeih, das klingt schon wieder…

–Ja?

–Wie du so dastehst, muss ich an die Freundin denken, die von vorhin… na, die mir so gut gefallen hat… die, als ich fliehen musste!

–Die? Du kennst sie?

–Nein, vom Sehen nur, sie hat mir gut gefalln, und dies Gefallen, weißt du, jetzt, wie du so dastehst…

Schallendes Gelächter. Zoë hüpft im Kreis um ihn herum, sie hinkt vor Lachen, schubst ihn vor sich her: –Die Gisa! Die gefällt dir, Gisa! Bitte, amüsier dich! Ich mach euch bekannt. Sieh an, die Gisa, die gefällt dir, na, da bin ich mal gespannt, was sie für Augen macht, wenn du ihr sagst, dass du im Traum mit ihrer Puppe schläfst, um Altertümer ihrer Seele zu ergraben, Hanold! Schnell, du musst zu Gisa laufen!

Hanold lässt sich stoßen, stolpert rückwärts vor ihr her im Kreis, belebt durch die Gymnastik. Seine Säfte fließen wieder, stocken nicht, er merkt auf Zoës nasse Füße, die in Pfützen quatschen, und aus klarem Kopf rinnt ihm die Klarheit in die Glieder, macht sie keck zu Drang und Tat, den nächsten Stoß fängt er jetzt ab und federt, stemmt sich in den Lauf und macht sich ihrer habhaft, zieht sie an sich, küsst sie ziemlich nach Gebühr, und Regen stürzt in die Gesichter, gurgelt um das Urstromtal der Lippen, die sich ineinanderbeißen.

–Jetzt zur Sache!

Von den Worten lässt sich Zoë aus dem Kuss befreien, Worte, die sich zwischen Lippen schieben. Mund gerötet, Mensch, patschnass, so steht sie, –Hanold, Obacht, Gretchenfrage!

–Lass mich raten: Ob der Kuss etwas bewiese inbetreff der Frage, ob Bedeutendes zu deuten sei?

–Noch schlimmer. Zoë tritt zurück und mustert ihn. –Ich stell dich morgen vor die Prüfung, ob du ganz vom Unverstand genesen oder nur zum Schein schon klarer bist. Das kann ja auch ein Zeichen sein, dass du in Wahrheit längst verloren bist. Nun, morgen ist das Sommerfest in meinem Institut, da kommst du mit. Ein Garten voller Heiden, die die Träume deuten. Hanold in der Schlangengrube! Da stell ich dich Bertgang, dem Professor, nochmal richtig vor, ihr trinkt ein Glas, begeistert euch an eurer Klugheit…

–Ist das denn nicht heikel, so privat und familiär… kurz, mit dem Analytiker zu saufen?

–Eigentlich. Du machst das schon, erzählst ihm von der siebenfachen Wahrheit deiner Träume, Phantasie- und Spukgeschichten, deiner Einfälle, Visionen, Vorstellungs- und Denkexperimente. Hanolds sieben Welten, gleich real als wären sie verwandt, einander Vetter und die blöde Sippschaft. Warte ab, dann hast du ihn, er adoptiert dich und wir scheißen auf Immunität der therapeutischen Beziehung. Was schert Genealogie Beziehung!? Ich kann auch gesünder werden, nicht nur du. Fast hab ich Angst um dich: Wirst ausgeliefert an die wahre Liebe, eingefangen in der glücklichen Beziehung. Hanold, denk dir: Jeder Menschenfeind, der unsrer Wege schleicht, spuckt vor uns aus, schimpft: August! Grete! Widerlich!

–Ich wollte schon, das täte einer mal, flucht Hanold. Und er lacht, und Zoë mit.

Er lacht und denkt, er denkt, indem er durcheinanderdenkt. Und Hanold merkt etwas, er ahnt Gedanken kommen, muss sich jetzt nur recht viel Worte machen, dass was Passendes für sie dabei ist. –Es wär schön, wenns einer täte, sagt er, –schön, weil radikal. Wenn radikal. Wenn einfach nur vulgär, dann nicht. Ich kanns mir denken, komm, ein Kuss, wir gehn umschlungen, so, jetzt strebt er aus der Gasse da, jetzt wird er uns gewahr. Ganz kurz verzögert er den Schritt, da siehst du es? Man sieht es kaum, er zögert, geht und spuckt und schimpft. Und nun hör zu, denk nicht an seine Worte, hör nur. Hörst du ihn? Er spuckt und schimpft auf uns, doch ohne was zu meinen, das wär ungezogen, ohne was zu meinen, irgendwas, es ist aspekthaft, was er tut, bedeutet nichts, er spuckt nur mustergültig, schimpft wie ein Genie, und nichts daran ist regelrecht wie die Natur, und nichts ist regelrecht genug, um ein Gesetz dabei zu denken, dennoch beispielhaft zum Schwindligdenken! Siehst du, siehst du, wie er spuckt und schimpft? Das ist Aspekt, wie schön, und alles, weißt du, alles liegt darin. Wenn es nur Kunst ist, radikal.

Er schüttelt seine Faust, macht eine Pause, lacht und forscht nach ihrer Reaktion, nicht sicher, wie sie falle.

Zoë nimmt ihn bei der Hand und drückt sie: –So, jetzt wird wohl alles Kunst, was eben noch Erkenntnis war?

–Die Kunst ist Kunst, Erkenntnis nur ihr Ziel! Es gibt nichts Materielles im Erkennen, kein Substrat, mit dem man handeln könnte wie mit Sex, Salat und Erbspüree; und auch kein Etwas, das in Worten subsistiert – ein Virus in der Spucke, um von dir zu mir zu langen. Wenn du mich was lehren willst, musst du die Weisheit, die dir liegt, in mir von Grund auf neu erzeugen. Wie mans macht, ist regellose Kunst, du machst mich etwas sehen. Und wenns hinhaut, merkt mans dadurch indirekt, dass Worte wechseln zwischen uns, die ihrer Regel nach sich aneinanderfügen. Darum ist ja Kunst stets radikal, weil alles, was sie zeugt, ganz neu ist, völlig neu und einzig auf der Welt, unwiederbringlich einzig und vergänglich, flüchtig, schön. Und notwendig ein Rätsel.

Zoë lacht. Sie lehnt sich auf: –Bah, Kunst ist Abwehr und Verdrängung. Muss gedeutet werden.

Hanold hebt den Zeigefinger: –Wenn, Geliebte, wenn Kunst Abwehr ist, dann sind die Träume Weisesprüche, staubig, öde und bedeutend. Aber Kunst lebt im Aspekt, Aspekt ist reinste Möglichkeit. Denk ihn dir, ohne etwas mitzudenken, sieh den alten Reigen tanzen eines Eindrucks mit Begriffen, spür das Spiel von Reiz und Reaktion, so kreist es umeinander, und Empfängnis paart sich mit spontanem Zeugnis der Begriffe –

in der Anschauung jedoch, im reinen, noch nicht angewandten Denken.

–Sex, ruft Zoë, –das versteh ich! Also doch, es geht nicht ohne, und auch geistig lieben ist nur sexuell. Ich wünsche, dass das festgehalten wird im Protokoll: Dass dieser alte Wirbel, Drang zum Sinn und Drang zum Ding, halt auch nichts ist als Sex, mal wieder. Einmal nicht recht aufgepasst und flutsch: Ist wieder so ein kleiner Traum geboren, den man mit der Milch der Deutung laben muss. Versteht sich, aus der guten Brust, die böse gibt nichts her, die tut nur so als ob.

Und Zoë muss drei schnelle Schritte machen, um das zu verkraften. Hanold bleibt zurück, kickt einen Stein und murmelt Zaubersprüche: –Denken ist ein Traum, summt er, –und Traum ist Kunst. Nur Kunst. Und alles Deuten bleibt Empfängnis, ist nur fruchtbar im Aspekt, der bleibt abstrakt. Die Deutung scheitert daran, dass der Traum aspekthaft ist und gleichwohl Anspruch macht, von Dingen Zeugnis abzulegen, Zeugnis, das nicht nicht verstanden werden kann.

–Nur, Hanold… – Zoë lässt ihn näherkommen, –wenn die Deutung unsres Traums im Deuten, nicht im Traum beschlossen ist, hat unser Traum doch, alsobald wir in der Deutung einig sind, ja dennoch eine Chriffre, einen Schlüssel, und wo Schlüssel sind, ist jemand, der damit was zuschließt. Aber, da sind wir doch einig, das ist nicht der Fall! Wie kommen wir da raus? O Gott, das Ganze ist nicht gut für Heidentum und Psychoanalyse!

Zoë wirft sich trostlos Hanold in den Arm. Der heuchelt Trost. Er streicht ihr Haar und flüstert: –Denk mal an, wenn Traum nun Kunst ist und nicht Chiffre, und der Künstler sich, indem er ausgeträumt hat, in sein Publikum verliert, das Künstler nicht versteht, im Kopf nur Reigen stampfen fühlt von Eindruck und Begriffen und schon ahnt: Sobald das Kunstwerk in der Welt ist, gibt es keinen Künstler mehr…

–…dann ist es schnuppe, ob die Chiffre nur verloren ist – verloren, oder niemals existiert hat…

–…dennoch bleibt sie möglich…

–…weil die Kunst aspekthaft Deutung übersteigt…

–…denn Sinn ist älter als die Zeichen…

–…Zeichen, Tand von Menschenhand…

–…und jedes Zeichen kommt zu spät, der Sinn ist früher…

–…Aber ihn zu suchen ist Kultur. Aha!

–Den Sinn zu schauen, ist Kultur, im Anschaun zu empfinden, wie er wirklich ist. Die Chiffre ist nicht im Aspekt versteckt, sie ist Aspekt, so flüchtig wie er selbst.

–Das hilft doch keiner Sau, ruft Zoë, ringt die Hände, geht ins Knie: –Was ist denn mit den anderen, die nicht so sind wie du; die Hilfe suchen, nicht nur Weisheit!

–Helfen muss was anders. Hanold kühl und streng. –Vom Willen sich erholen. Nicht dem Schicksal sollen sie entkommen, sondern ihrer Flucht; solln frei sein, sollen eines Andern Dasein um den Preis einer Bestimmung auf sich nehmen. Freiheit ist subtiler als bewusste Selbstbestimmung.

–Und erotischer. Sags nur nicht weiter: Manchmal denk ich, Wille ist ein Zölibat.

–…so kalt und maschinell…

–Na, übertreib nicht gleich. Impulskontrolle, Hanold.

–Und dann muss man dem Bewusstsein seine Zweckbestimmung rauben, die Apokalyptik seiner Vorbestimmung Lügen strafen.

–Schön, und wie? Soll ich wohl mit dem Faustkeil Schädeldecken öffnen: So, jetzt wird gelüftet? Knochen schneiden mit dem scharfen Grat des Feuersteins?

–Ich weiß nicht. Wenns die Schwerkraft der Begriffe aufhebt, diese Schwere, die Bedeutung Zwecken anhängt, Zielen, wenns das Ganze Deshalb, Darum, Dafür sprengt, das unser Auge vom Aspekt ablenkt?

–Ich denke was, behaupte mich und scher mich nicht darum.

–So siehst du die Aspekte wechseln, noch bevor der Deutungswechsel dich erfasst. Die Welle bricht, doch sie erfasst dich nicht, du bist hindurch.

–Woraus zu folgern ist: Ich armes Ding muss Kinder haben und mirs in der Vorstadt sauer werden lassen.

–Ja, und ich darauf Verzicht tun.

–Kannst es dir ja vorstelln: Hanold, greiser Vater seines Volkes.

–Dir davon berichten als der Wahrheit meines Lebens.

–Sind wir damit durch, ist alles klar, die Liebe absolut?

–Die Liebe absolut, der Rest amorph. Wir wolln uns ansehn, ob die Möglichkeit was Schönes für uns heckt.

–Ja, ansehn, mitten ins Gesicht!

Hanold, Zoë biegen in Oranienstraße ein, sie bleiben stehen, Hand in Hand, vergnügt, und sehen vor sich. Über ihnen zieht der Regen, klatschnass hängen ihre Kleider. Zoë zieht die Schuhe aus und regt die Füße, warm und nass ist der Asphalt, und feucht und heiß und schwer die Luft. Oranienstraße dampft. Und langsam füllt sie sich. Es drängt aus den Cafés, was Unterschlupf gesucht, tritt witternd auf die Straße, süße Urwaldluft, der Schweiß bricht aus wie Ungeduld. Die Autos rollen laut auf nassen Reifen, Regenwetterstraßenlärm, der Regen aber zieht. Er bittet Zoë, einen Zebrastreifen zu erdenken und mit nacktem Fuß darüberhin zu laufen. Zoë nickt, sie spürt mit jedem Zeh die nassen Poren im Asphalt und picht sie in der Vorstellung dick zu mit weißem Lack, erhaben dicke Streifen, warm und glatt am Fuß, das ist nur ihr Aspekt, bedeutet nichts, als dass zum Beispiel sie den Fuß darauf mit einer Technik setzen kann, die eigentümlich den Bewegungsapparat in ein Bewusstsein setzt von namenloser Ichgeladenheit. Sie quert Oranienstraße, schreitet vor den Autos, dass sie halten müssen. Zoë schreitet vor, gefolgt von Hanold. Autos halten, Mädchen tun, als sähen sie den Zebrastreifen, queren auf die andre Seite, dort der leere nasse Tisch mit überschwemmtem Kerzenhalter, ist das nicht der Ort, an den die hingehörn? Ein Fahrrad schneidet Zoë, sie bleibt stehn, ist hier zuhause, sieht kurz ihre Straße an und schreitet vor. Er lächelt, dies ist seine Fremde, hier, mit ihr. Und Zoë sieht sich nicht, sie denkt sich und nimmt wahr, sie sähe, sie sich denkend. Hanold sieht sie, wie sie ist, sieht Ursprung, Sinn und Ahnung eines Menschen, Zoë, die daheim ist in Oranienstraße, gleich wie er einst anderswo daheim war, stilles Auenland, wo Wiesen duften dach dem Regenguss.

Oranienstraße dampft. Oranienstraße schwitzt im Dunst des Mythos, den man ihr zu Ehren singt, in allen Köpfen in Oranienstraße steckt, daheim hier oder fremd. Und Köpfe drängen umeinander, die sich wissen als Fragment, sich suchen im Aspekt, die Suche ist der Mythos, reine Suche, die sich im Symbolischen nicht zum Ersatz erschöpft, sich nicht beenden lässt im metaphorischen, im technischen, phantastischen, im magischen verstehen können glauben, Mythos weiß Ergänzung, Heilung, fragmentarisch feiert er die überwache, die symbolische Prägnanz der Träume. Fragmentarisch siedelt Leben in Oranienstraße, bruchstückhaft versammelt zur Ergänzung, wie geschmiedet in die Ketten seines Wunsches und gewürgt bis zum Verrecken, unterwirft es sich dem Zölibat der Zwecke, maschinell und operational, und wenn es kaum noch Leben erst, erkreißt es Kunst, vollendet mythisch seine Wahrheit, Washeit, und gebiert den Traum der Kunst, das Unbewusste als Ergänzung. Heller Abenddunst, so liegt es in Oranienstraße, schimmert auf der Straße, bricht das Licht, man blinzelt so hinein und sieht die Regenwolke ziehn. Nicht Deutung, Formung ist die Kunst, das Unbewusste ahnt sich nicht, es träumt sich, sein Gesetz ist unerforschlich, weil es sich errichten muss am Mythos seiner Suche. Auferstanden aus Fragmenten, flackern Endlichkeit und Transzendenz als Schatten über fahles Leben, das sich im Symbol ergänzt und singt, das anhebt zum Gesang, Versprechen der Ergänzung, Paradies der Kunst: Wo du erschufst, kannst du nicht weichen. Barfuß geht man hier, wie Zoë barfuß, barfuß in Oranienstraße, wo der Lärm der Stimmen sich zum Mythos ordnet, Summe aller Vorstellung, weit aufgefächert, Wind fährt in die Schwüle, in die angestaute Nässe, Dunst am Boden, Wind vom aufgeklappten Fächer des Realen, kopfgeboren, Vorstellung der Vielen, Mythos, ein Gesang. Ein Singen. Barfuß in der Welt der Träume, barfuß in der andern Welt. Wohl möglich, dass sich Welten unterscheiden. Welterlebnis ist darum nicht irreal. Und ist der Seinsgrund einer Welt, ob Traum, ob Kunst, ob plan real, je Teil der Deutung, was sie zu mir spricht? Und wäre also Welt geschaffen, mir im Rätsel zu erscheinen? Nicht doch, nichts als Äther des Erlebens, nicht polarisiert, symbolisch dispensiert, was hilfts, man fühlt sich wohl darin, Verzweiflung und Verzücken, Gläser klingen in Oranienstraße, die Gedanken reiben sich, und langsam reißt der Himmel auf, er ändert seine Farbe, Wolken glühen, Häuser, Farbe. Nichts ist noch verstanden, alles Drängen, alles nur Gesang und Denken, Denken in Oranienstraße, kopfgeboren, tausendfach, es schlendert, scheitet vor, Gedanken in Oranienstraße, nichts noch je verstanden, Wahn und Traum, und Kunst und Wille, treiben sich zu Paaren, und die Sonne bricht jetzt durch, bricht sich in Tränen, Schatten wischen ins Gesicht, und Hanold, Zoë wenden sich und blinzeln, Abendsonne, sengt nicht, brennt nicht, sinkt dort hinten, Moritzplatz, sie schließt Oranienstraße ab, vollendet über sich Oranienstraße, Abendsonne, abendlich das Denken, Sonne, Sonne in Oranienstraße, Abendsonne.